GUERRA
DO
PARAGUAI

Vitor Izecksohn

GUERRA DO PARAGUAI

HISTÓRIA NA UNIVERSIDADE – TEMAS

editora**contexto**

Ilustração de capa
Cándido López, *Batalla de Tuyutí* (1889)

Montagem de capa e diagramação
Gustavo S. Vilas Boas

Coordenação de textos
Carla Bassanezi Pinsky

Preparação de textos
Ana Paula Luccisano

Revisão
Mariana Teixeira

Dados Internacionais de Catalogação na Publicação (CIP)

Izecksohn, Vitor
Guerra do Paraguai / Vitor Izecksohn. –
São Paulo : Contexto, 2025.
160 p. : il. (História na universidade : Temas)

Bibliografia
ISBN 978-65-5541-611-4

1. Paraguai, Guerra do, 1865-1870 2. Brasil – História
I. Título II. Série

25-1875   CDD 989.205

Angélica Ilacqua – Bibliotecária – CRB-8/7057

Índice para catálogo sistemático:
1. Paraguai, Guerra do, 1865-1870

2025

Editora Contexto
Diretor editorial: *Jaime Pinsky*

Rua Dr. José Elias, 520 – Alto da Lapa
05083-030 – São Paulo – SP
PABX: (11) 3832 5838
contato@editoracontexto.com.br
www.editoracontexto.com.br

Sumário

Introdução

O século XIX na América do Sul foi marcado por um complexo processo de construção nacional, no qual as jovens Repúblicas (e a única Monarquia) emergentes enfrentaram desafios contundentes, no intuito de consolidar instituições estáveis, definir fronteiras e estabelecer identidades políticas coerentes. Após as independências, a região testemunhou uma tensão constante entre projetos centralizadores e forças centrífugas, entre o legado colonial e as aspirações modernizadoras. Nesse contexto, a bacia do Prata se destacou como um palco de conflitos intensos, onde interesses econômicos, ambições territoriais e rivalidades históricas se entrelaçaram de forma explosiva. Este livro examina um dos episódios mais dramáticos desse período: a Guerra do Paraguai (1864-70), conflito que reforçou o desequilíbrio de poder na região, impactou as sociedades envolvidas e deixou um legado de debates historiográficos e memórias contraditórias.

A Guerra do Paraguai segue chamando a atenção por suas dimensões e características. Não estamos falando de algo banal. Tratou-se de um conflito intenso, travado nos confins da América do Sul, por sociedades agrárias em processo de consolidação. Seus níveis de violência impressionaram os contemporâneos, fossem observadores, estadistas ou mesmo participantes. A matança foi abastecida pelo ódio político, cultural e racial de soldados brutalizados por anos de combates e pelos sacrifícios da vida militar.

A contenda não se resumiu apenas a um confronto militar, ela foi também um espelho das contradições e das ambições que moldaram a América do Sul no século XIX. Ao desnudar as fragilidades dos processos nacionais em construção, a guerra expôs a tensão entre centralização e federalismo, entre modernização autoritária e resistências locais, entre soberania popular e *realpolitik* internacional. Sua brutalidade, marcada por sacrifícios humanos e devastação econômica, refletiu não só a ferocidade dos combates, mas também as profundas divisões sociais e políticas que permeavam as sociedades platinas. Foi, ainda, um fenômeno social que afetou em profundidade as comunidades envolvidas.

Ocorreu num momento importante de redefinições das identidades nacionais na região do Prata. Quarenta anos após o fim da era das independências, as nações da região ainda enfrentavam o desafio de construir Estados nacionais coesos em meio à intensa diversidade regional. Assim, a luta para consolidar identidades, fronteiras e formas de governo afetou um sistema de Estados frágil e turbulento, em que se destacava a dificuldade para criar consensos sobre questões básicas do direito internacional.

A campanha militar que se seguiu foi uma das mais ferinas nas Américas, um continente marcado por poucos conflitos internacionais até então. Ela expôs as contradições internas dos países beligerantes, decorrentes do paradoxo dos processos de construção dos respectivos Estados nacionais, das inconsistências das ideias federalistas e das contradições entre patriotismo, democracia e soberania popular.

Essas controvérsias permanecem vivas nas interpretações do conflito, seja nas tradicionais, seja nas revisionistas, seja ainda nas da historiografia que emergiu na década de 1980. Isso ocorre porque a memória do conflito serviu a vários propósitos, englobando diferentes agendas de pesquisa. As interpretações historiográficas sobre o conflito – desde as visões tradicionais, que culpabilizam Francisco Solano López, até as análises revisionistas, que destacam o imperialismo da Tríplice Aliança – revelam como a memória da guerra foi instrumentalizada para justificar projetos políticos diversos. A historiografia pós-revisionista, ao incorporar documentos inéditos e perspectivas transnacionais, ampliou o debate, destacando a agência de atores marginalizados, como indígenas, escravizados e desertores, cujas experiências complicam as narrativas simplistas de "heróis" e "vilões".

Este livro contribui para essa discussão ao situar a guerra no contexto mais amplo da formação dos Estados nacionais, enfatizando como as disputas internas – especialmente as guerras civis argentinas e a instabilidade uruguaia – influenciaram o desenrolar do conflito. Ao analisar a guerra como parte de um processo contínuo de territorialização, centralização e redefinição de lealdades, apresenta uma leitura que ultrapassa o evento bélico em si, conectando-o às estruturas políticas, econômicas e sociais do período.

A Guerra do Paraguai, em última instância, é um capítulo fundamental para entender como violência, diplomacia e identidade se entrelaçaram na construção de uma ordem regional que, ainda hoje, carrega as marcas desse passado turbulento. Seu estudo não apenas ilumina as complexidades do século XIX, mas também convida à reflexão sobre os limites da soberania, o custo humano dos projetos nacionais e os desafios de escrever uma História que dê voz a todos os lados envolvidos – vencedores, vencidos e aqueles que, no meio do fogo cruzado, buscaram sobreviver.

Para isso, o foco se volta para a trajetória da constituição dos Estados nacionais como elemento central, mapeando os diferentes conflitos que levariam à grande conflagração da década de 1860. Especial atenção é dada ao processo de unificação argentino, cujos desdobramentos influíram decisivamente nos eventos que oporiam o Paraguai à Tríplice Aliança. Pensar o conflito como uma etapa importante da longa guerra civil argentina que afetou os demais países da região expande as interpretações sobre os processos decisórios e as alternativas que se apresentaram para as autoridades responsáveis pelo encaminhamento das questões centrais. Esse enfoque, amparado por uma historiografia renovada e pelo acesso à nova documentação, redimensiona os impasses enfrentados pelos governos do Brasil, do Paraguai e do Uruguai, num momento em que se realinhavam os interesses regionais e as capacidades administrativas.

Neste livro, analiso como a guerra moldou não apenas fronteiras, mas também identidades nacionais e as relações de poder regional no contexto do Cone Sul do continente da segunda metade do século XIX. Para melhor entendermos as características dessa campanha, é preciso pensar as origens do conflito através do mosaico de identidades e lealdades que se desenvolveram na região desde o período das independências, influindo nas motivações daqueles que lutaram, assim como na resistência dos desertores e dos críticos. A obra faz uma síntese das principais questões envolvendo a guerra e seu desenrolar, introduzindo o leitor a uma história complexa, cujos desdobramentos ainda se fazem sentir na forma como pensamos esse passado violento, a partir das concepções de patriotismo, localismo e federalismo; igualmente, enfatizando os processos de centralização e territorialização ocorridos na região, como causa e consequência da guerra.

Os primeiros tempos

No limiar do período das independências, não existia tradição de autogoverno na América Latina. Os demais exemplos americanos estavam muito distantes para serem eficientemente emulados. Na América do Norte, a República dos Estados Unidos ainda se encontrava demasiadamente presa à política europeia para desempenhar algum papel relevante no subcontinente. A guerra contra a Inglaterra (1812-15) foi o divisor de águas entre a política externa dos "pais fundadores" e uma visão hemisférica dos interesses internacionais norte-americanos, que seria formulada na década seguinte. Vozes isoladas tentaram catalisar, de forma consistente, um envolvimento daquela República nos processos de independência nas ex-colônias espanholas. Ainda assim, a implementação de uma política para o hemisfério levaria décadas, nem sempre coincidindo com os interesses imediatos das novas repúblicas, como ficou claro no caso do México, que perderia 40% do seu território para os vizinhos do norte na guerra entre 1846 e 1848.

No Caribe, o Haiti ainda era uma incógnita, pois o radicalismo da sua revolução parecia pouco apropriado às elites *criollas* das demais regiões do continente, menos pela libertação dos escravizados do que pela imolação de parte da elite branca de origem francesa. A disparidade numérica entre a minoria de *criollos* e as maiorias indígenas, negras e mestiças sugeria que a denominada "América Meridional" poderia enfrentar o que chamavam então de "uma guerra racial" ou "guerra de castas". Assim, para a consolidação dos Estados, essas elites, em geral, lançaram mão de elementos que eram, todos, legados da ordem colonial. Nem mesmo aqueles que propugnaram um pensamento mais original – como Simón Bolívar, Simón Rodríguez e San Martín – puderam escapar completamente dessa realidade, por mais que negassem a herança espanhola através de imagens fortes, como a da "lenda negra", uma ideia que associava a Espanha à barbárie, principalmente devido à crueldade contra os povos indígenas, e à Inquisição.

Após a separação da Espanha e de Portugal, os líderes dos movimentos de independência declararam que os seus respectivos territórios seriam nações e, passado algum tempo, ganharam sua parcela de reconhecimento internacional como Estados soberanos. Mas esse reconhecimento precedeu a institucionalização do poder do Estado nos territórios em disputa, um processo muito mais complexo do que poderiam supor os líderes da separação dos antigos vice-reinos coloniais. Essa situação peculiar persistiu, em quase todos os novos países, por décadas, contribuindo, em alguns casos, para a imagem ambígua de Estados nacionais estabelecidos sobre sociedades que se recusavam a reconhecer, por completo, sua presença institucional. Ao sul do continente essa ambiguidade foi muito forte, implicando um processo lento e violento de institucionalização, no qual o emprego de força constituiu um recurso essencial aos aspirantes ao poder político.

O CENÁRIO

O Rio da Prata foi a principal via de comércio entre Buenos Aires e as minas de Potosí, bem como a área prioritária de contatos entre os Impérios Português e Espanhol durante o período colonial. O núcleo do poder espanhol na América do Sul durante o período era o Peru, rico em minérios e mais atrativo para a imigração devido às oportunidades de exploração da população indígena. Ao sul, a pequena produção local era voltada para as áreas mais elevadas do território colonial ao norte, transportada por mulas por meio de caminhos acidentados. A posição secundária desfrutada pela região, a ausência de atividade mineradora direta, a limitada capacidade de fiscalização da metrópole e a baixa densidade populacional contribuíram para que o contrabando de prata se tornasse atividade essencial à economia da colônia. Disso muito se beneficiaram os luso-brasileiros, que chegaram até a criar um enclave na região atual do Uruguai, a Colônia do Sacramento.

Região periférica e fronteiriça durante os dois primeiros séculos da colonização, o Vice-Reino do Rio da Prata foi criado em 1776 como parte do esforço de reorganização das conquistas espanholas na América. Ato contínuo, aquela entidade foi subdividida em oito intendências. A partir de então, com a elevação de Buenos Aires à capital da nova configuração, predominou o comércio legal e o desenvolvimento da cidade portenha alcançou novo patamar, tornando-se centro administrativo em processo de expansão acelerada em detrimento de outras cidades. Seu controle administrativo estendia-se do rio Negro ao Alto Peru (atual Bolívia), incluindo as minas de Potosí ao norte e o oeste do atual estado do Rio Grande do Sul, além do Paraguai.

A criação do novo Vice-Reino decorreu dos confrontos entre impérios europeus nos territórios coloniais, que aumentaram as necessidades espanholas de reforçar a defesa e a economia das regiões mais vulneráveis dos seus domínios, tornando a cidade um ponto estratégico para o comércio do Atlântico Sul. A cidade portenha se beneficiou dessa situação, crescendo rapidamente ao longo das décadas seguintes. Em 1778, foi aprovado o Regulamento do Livre-Comércio, que tinha como objetivo regularizar o contrabando da região e assegurar a influência espanhola. Assim, durante os 30 primeiros anos de duração do Vice-Reino, a capital duplicou sua população, de 20.000 habitantes para 40.000. É durante esse momento de mudanças que ganha ritmo no litoral o crescimento da pecuária, voltada para o mercado internacional. Nesse período, o crescimento enfrentava a escassez e a ineficiência da mão de obra local, que consistia majoritariamente em camponeses vindos de outras regiões e pessoas consideradas vadias, os chamados "vagos", que eram forçosamente recrutadas pela polícia. Para reforçar seu controle, a Coroa enviou funcionários governamentais direto da Europa, os chamados "intendentes", que fiscalizariam a produção local e tentariam conter o contrabando.

A região constituía uma franja do grande Império, um ponto distante das rotas comerciais mais importantes, em clara desvantagem em relação a outros vice-reinos, como o Peru e a Nova Espanha (México), administrativamente mais avançados e dotados de oligarquias experimentadas no trato do comércio internacional. Mas o crescente escoamento da prata prometia reverter a subalternidade, ampliando as conexões atlânticas da região e fortalecendo o papel de Buenos Aires como obstáculo à expansão luso-brasileira. Uma rica comunidade comerciante se desenvolveu em consequência das mudanças que beneficiaram as trocas internacionais.

Durante os 34 anos seguintes, as antigas repartições coloniais adaptaram-se a um precário processo de centralização que redirecionou o fluxo de prata e o funcionamento da burocracia. O comércio da prata fortaleceu a posição portuária da capital e o aproveitamento das rotas do interior, particularmente os rios navegáveis e os caminhos utilizados pelas tropas de mulas. Durante esse período, topógrafos e naturalistas, como Félix de Azara, mapearam a região, ressaltando seus recursos naturais e possibilidades de emprego econômico da flora, destacando a importância econômica de produtos como o mate e o quebracho, entre outros, que chamaram a atenção dos viajantes estrangeiros. Igualmente, iniciou-se o mapeamento do Vice-Reino, através de cartas que constituem um testemunho dos esforços da ilustração ibérica para melhor administrar essas áreas.

Para os hispano-americanos, o século XVIII foi o tempo da prata e das reformas administrativas, período durante o qual ocorreu a última tentativa de salvar o Império pelo emprego da ilustração estatizada, capaz de impor racionalidade e estabilidade a um conjunto de práticas decadentes. No final do governo do rei espanhol Carlos III, parecia que o Império voltara aos seus dias de glória, com o fortalecimento do comércio e a consequente acumulação de metais preciosos. A independência dos Estados Unidos, que foi apoiada com veemência pelos espanhóis, também parecia afirmar que certo equilíbrio militar havia sido alcançado na disputa transimperial. Mas aquela estrutura tinha pés de barro, e logo as circunstâncias mudariam de forma rápida e irreversível contra os interesses metropolitanos.

NOVOS TEMPOS

Com a Revolução Francesa e o início de um novo ciclo de guerras europeias, a Espanha se viu crescentemente isolada no contexto Atlântico. Essa circunstância era agravada por problemas governativos, uma vez que a administração do rei Carlos IV era considerada incompetente e corrupta pela população e por parcela significativa da elite política espanhola. Apesar de seus esforços, a Coroa não impediu que tensões europeias continuassem afetando a dinâmica no Prata. Em 1806, no contexto das Guerras Napoleônicas, a Coroa se aliou à França durante a Guerra da Terceira Coalizão. Nesse contexto, que incluía a decretação por Napoleão Bonaparte de um bloqueio continental na Europa, tornou-se mais atrativo para os britânicos invadirem Buenos Aires para desde ali estabelecer um enclave de onde poderiam alcançar parte significativa da América espanhola, recuperando as perdas comerciais obtidas no Velho Continente.

Sabendo do estado precário das suas capacidades de defesa naval e prevendo um ataque britânico na América do Sul, a Coroa traçou planos para a defesa de Buenos Aires, mas estes não foram eficazes. A aliança com a França, tradicional parceira diplomática dos espanhóis, tanto por laços de família como por questões objetivas da política europeia, tornou a situação ainda mais difícil, tendo em vista o domínio marítimo da Inglaterra, ampliado pela vitória na Batalha Naval de Trafalgar em 1805. No Atlântico Sul, a defesa estaria a cargo dos americanos e de sua precária organização militar.

As crises econômica e política e a fraqueza militar da Coroa espanhola precarizaram os contatos com a América, incidindo sobre a capacidade de sustentação do imenso Império territorial. A ocupação da Espanha pela França e as abdicações reais de Baiona, em 1807, em favor de José Bonaparte, irmão do imperador francês, deram início a uma guerra civil prolongada na península ibérica, um evento que Napoleão Bonaparte definiu, com certa ironia, como a "úlcera espanhola". Essa conjuntura deflagrou um ciclo de contestações ao Antigo Regime absolutista, privado de sua cabeça e incapaz de comandar a resistência, a despeito da lealdade ao rei da maioria dos seus súditos em ambas as margens do Atlântico. A tentativa de criação de uma monarquia constitucional federalizada constituiu uma alternativa que se mostrou pouco eficaz para dar sobrevida àquela frágil estrutura imperial, pois não houve consenso a respeito de questões básicas: o tamanho da representação americana nas cortes e a influência dos súditos do continente nos negócios atlânticos. Ao longo dos debates, os espanhóis deixaram claro que, mesmo numa ordem constitucional, os americanos permaneceriam subordinados.

No Rio da Prata, a crise do Império Colonial Espanhol favoreceu a autonomia. O processo de integração foi interrompido pela crise do Antigo Regime, que começou mais cedo na região devido às invasões e à subsequente expulsão das forças inglesas de Buenos Aires, a partir de 1806. Inicialmente, o ataque britânico encontrou pouca resistência por parte da população local, que não demonstrou entusiasmo e estava ocupada defendendo as fronteiras com os territórios indígenas. Assim, ficaram expostos os limites da política espanhola de reforçar sua influência e as capacidades de defesa regional. Esse foi um evento central para o início do processo revolucionário. A permanência das tropas inquietou a população do lugar, e o livre-comércio imposto pelos ingleses incomodou os comerciantes de Buenos Aires. A insatisfação foi canalizada na reorganização de milícias locais para a reconquista da cidade.

A expulsão dos britânicos e a necessidade de organização local aceleraram o processo de autonomização da política da região. A falta de resistência do vice-rei Rafael de Sobremonte, representante da autoridade espanhola, desonrou a estrutura hierárquica estabelecida até então. As milícias coloniais buenairenses repeliram as invasões inglesas em 1806 e 1807, a despeito da fuga do vice-rei. A partir desse ponto, as organizações milicianas formadas durante o período de resistência disputariam prestígio político com setores da elite mais assentados. Porém, é importante frisar que, até então, o que estava abalada não era a relação entre a Espanha e a colônia, o sentimento de lealdade e pertencimento no Império cresceu com a resistência local, mas sim a forma como essa relação seria estabelecida. Além disso, o período de livre-comércio imposto pelos ingleses inicia a fermentação das tensões econômicas entre a elite comercial, acostumada com a Rota de Cádiz e vinculada à exportação de metais preciosos, e novos setores vinculados à Rota de Liverpool, ligados ao setor agropecuário. Liderados por comerciantes e fazendeiros de origem *criolla*, os portenhos, como são chamados os habitantes da capital, avançariam na direção da autonomia.

Na cidade de Buenos Aires, a formação de um governo autônomo desencadeou uma série de conflitos locais entre o *cabildo*, órgão de governança local que defendia a criação de uma junta governamental, e as autoridades ligadas ao vice-rei nomeado previamente pelos espanhóis. Apesar do sucesso da administração espanhola em conter revoltas iniciais, as tensões perdurariam e conflitos entre as autoridades oficiais e as milícias, que já ocorriam desde a retomada da cidade em 1806, intensificaram-se. As vitórias militares deram início à precoce erosão da autoridade real, desaguando na chamada "Revolução de Maio", que depôs o vice-rei Baltasar Hidalgo de Cisneros, levando à realização de um *cabildo aberto*, ou seja, com a participação da população, em maio de 1810, que resultou na nomeação de uma junta provisória de governo. As lideranças da cidade assumiram o controle político-administrativo do Vice-Reino, rompendo com três séculos de subordinação aos peninsulares (nome dado aos europeus) e fuzilando o líder da resistência espanhola, o francês Santiago de Liniers, que se refugiara em Córdoba.

A partir desse momento, os laços com a Espanha desapareceram por completo, uma vez que o Rio da Prata nem mesmo enviaria representantes para participar do processo constitucional capitaneado pelas Cortes de Sevilha, depois Cádiz no mesmo ano. Mas a autonomia ainda não era a independência, uma vez que o poder era exercido em nome de Fernando VII, o rei espanhol aprisionado por Napoleão em 1808 e libertado do cativeiro somente em 1812. Essa ambiguidade era funcional às aspirações dos líderes do movimento, dada a incerteza da situação europeia. A independência de fato seria proclamada em Tucumán, em julho de 1816, num contexto de acelerada constitucionalização e guerra aberta contra os peninsulares e seus aliados locais nas províncias do norte e do noroeste.

Estendendo-se para outras partes do território colonial, o movimento revolucionário rapidamente encontrou pontos de resistência. Buenos Aires buscou impor-se sobre territórios dissidentes à sua hegemonia. Entretanto, enfrentou rechaço em regiões como Alto Peru, Paraguai e Montevidéu. Simultaneamente, parte das outras juntas se aliou ao Congresso Constituinte, organizado pelo Conselho que governava a Espanha naquele momento. Assim, nem todos os territórios do Prata aceitaram participar do Congresso, dando início à divisão entre "insurgentes" e "leais". Reforçando seu vínculo com o governo espanhol, as colônias leais adotaram a Constituição de Cádiz, aprovada em 1812.

Uma vez desfeitos os laços com a Espanha nas áreas em rebelião, iniciou-se a discussão das bases do novo Estado. Nem todas as antigas intendências aderiram ao comando portenho. Isso ocorreu tanto devido à lealdade aos espanhóis, particularmente forte na região do Alto Peru, quanto à resistência de outras regiões, como o Paraguai, cujas elites viam o domínio de Buenos Aires pelo viés de uma nova forma de colonialismo, talvez ainda mais severa que a aplicada pelos espanhóis. O Paraguai se separou logo no início do processo, no contexto daquilo que o historiador Herib Caballero Campos definiu como a "contrarrevolução de 1811".

A partir desse instante, a busca por legitimação deixou de apelar para a figura do rei e assumiu um tom alinhado com as ideias liberais da época. No lugar da Coroa surgem novos símbolos, como "a independência do domínio espanhol" e "a igualdade". Este último valor foi enaltecido de forma cuidadosa para não atacar as hierarquias sociais herdadas do período colonial. Se, por um lado, os títulos políticos coloniais foram abolidos, por outro, o conceito de "gente decente" seguiu sendo usado para segregar a população e, já nos primeiros episódios eleitorais de Buenos Aires, mulheres, negros e "gente comum" têm suas participações limitadas. Dessa forma, para evitar maiores tensões, o discurso oficial focava principalmente os temas patrióticos e apenas abordava a questão dos direitos políticos quando tratava de grupos restritos. Ainda assim, por serem majoritariamente originários de setores que até então estavam fora dos círculos administrativos do Antigo Regime, os líderes revolucionários tinham de buscar apoio nos setores populares, até então politicamente excluídos. A necessidade de mobilizar a população para atividades militares acentuava essa questão e, portanto, o recrutamento militar surge como força de mobilização popular que inclui até mesmo os escravos. Naturalmente, assim como nas outras esferas da sociedade, a politização militar também seria limitada, ainda que transbordasse de maneira eventual os perímetros estabelecidos.

Desse modo, desde o início, a questão da cooperação entre as diferentes partes do antigo Vice-Reino mostrou-se complicada, abrindo caminho para um ciclo de guerras que afetaria profundamente a organização social da ex-colônia espanhola, desarticulando suas capacidades produtivas e interrompendo antigas rotas de comércio. A ideia de uma nação argentina subsistia como uma ficção geográfica muito mais do que uma realidade política. Como sublinhado pela historiadora Marcela Ternevasio, territórios posteriormente associados como parte da História argentina não se identificavam como tal durante o todo o processo de unificação. Havia uma multiplicidade de projetos diferentes, sendo o uso do nome "Argentina" uma projeção *a posteriori* de uma unidade inexistente.

A resposta militar às invasões inglesas desencadeou um processo de militarização, inaugurando uma nova fase da sociedade platina, que se reconfigurou em torno das estruturas de defesa. O envolvimento da população urbana e dos camponeses, por meio de recrutamentos muitas vezes forçados, gerou um novo desenho de lealdades políticas, com a população militarizada desempenhando um papel importante na definição dos rumos políticos. As campanhas subsequentes aceleraram a incorporação forçada de populações subalternas, como indígenas, escravos e camponeses, ao serviço militar, ajudando a moldar o caráter dos poderes provinciais emergentes. Tudo isso modificou rapidamente as normas de respeito e as etiquetas sociais na direção de um republicanismo difuso, porém persistente, que se equilibrava entre o exemplo norte-americano e as práticas de uma sociedade hierarquizada. A confusão de signos, de comportamentos e de lealdades incidiu com força sobre as tentativas de construir uma nação viável sobre os escombros do Antigo Regime. A série de conflitos que marcariam as décadas seguintes deixou um legado de violência política. Essa brutalidade se expressava em todas as esferas da vida. A militarização da política, resultante dos conflitos, acarretou a humilhação pública de indivíduos célebres da sociedade argentina, que eram punidos a chibatadas, e a normalização da violência das facções combatentes, que saqueavam cidades inimigas. Até mesmo o comportamento das próprias elites se tornou mais violento.

O Prata se transformava pelo impacto dessas guerras. Uma das consequências da independência nos territórios que formariam a futura nação argentina foi a progressiva abolição da escravidão. Tanto o recrutamento militar quanto a interrupção do comércio foram fatais ao tráfico e à posse de escravizados. O emprego de escravizados nas forças militares foi prática comum a todos os lados em pugna, destruindo o direito de propriedade dos senhores em nome da necessidade militar. Paralelamente, as rotas que abasteciam o Peru foram paralisadas, consolidando o caminho no sentido de uma abolição progressiva. Uma consequência importante desses eventos foi a paralisação do fluxo da prata, que afetou as rendas portuárias e o comércio atlântico, criando problemas fiscais que impactaram a organização das novas nações. A escassez de recursos unia-se à dificuldade de pagar as tropas, enfraquecendo o impulso centrípeto e o tráfico de escravizados. Ato contínuo, aprovou-se a Lei do Ventre Livre. A impossibilidade de traficar e o fim da marca de nascimento inviabiliza-riam a escravidão na região no médio prazo, ainda que ela continuasse no Uruguai até a década de 1840.

Resumindo, em contraste com a segunda metade do século XVIII, o século XIX foi o tempo das independências, de esperanças nos desígnios do progresso e da razão. Foi também, entretanto, época de entropia política e institucional que levou, em muitos sentidos, ao retrocesso institucional. Entre 1810 e 1824, os quatro Vice-Reinos do Império Espanhol fragmen-taram-se em 18 novos países, além daqueles de existência efêmera. No período de uma geração, desarticularam-se as antigas rotas de comércio e eclodiram várias guerras civis, cujas intensidade e duração foram decisivas para a destruição de antigos arranjos do poder nas ex-colônias. Nada seria como antes, mas não havia um projeto sobre as bases institucionais que marcassem a organização desses novos países, muitos deles criados a partir de disputas entre diferentes *cabildos*.

Como observou Simón Bolívar, os grupos que substituíram os espanhóis no comando das novas nações americanas careciam de capa-cidade administrativa e de instrumentos para criar consensos políticos mais amplos. A eles havia sido negada, inclusive, a experiência da "tirania ativa e dominante", isto é, a possibilidade de ter exercido tarefas admi-nistrativas de menor porte para os espanhóis na administração de suas províncias. A ausência de homogeneidade ideológica entre as elites era acompanhada por sociedades fortemente estratificadas, que se ressentiam das formas de exploração como a servidão indígena e a escravidão negra, ao mesmo tempo que careciam de experiências de autogoverno que as ajudassem a se adaptar ao período de transição. Naquele contexto, a im-plosão do Império Espanhol foi acompanhada de sublevações de caráter social que muito estorvaram o exercício do governo, dada a dificuldade de conciliar as novas liberdades a algum conceito de ordem que fosse aceito pela maioria dos governados.

Portanto, a ordem colonial fora destruída, mas a constituição de regimes republicanos enfrentaria uma séria de desafios que tornariam o período do pós-independência uma época de forte instabilidade, principalmente devido às diferentes concepções identitárias a respeito da natureza do poder e das formas de participação popular nos negócios públicos. A partir desse momento, iniciou-se a disputa entre compreensões distintas a respeito do futuro político da região. Esses eventos também afetariam a província luso-brasileira do Rio Grande do Sul, cujas elites agrárias possuíam interesses no território oriental, relacionados à aquisição de terras e à livre circulação de rebanhos e escravos. Em virtude desses interesses e da sua formação específica, próxima àquela dos regimes platinos, a lealdade dos sul-rio-grandenses foi questão que preocupou autoridades lusitanas e brasileiras ao longo da primeira metade do século XIX, pois temiam que facções levassem a província para a órbita das repúblicas vizinhas.

O imediato pós-independência foi, portanto, época de incertezas sobre o futuro, especialmente no que se refere à sobrevivência dos países de menor porte, cobiçados pelas antigas sedes de Vice-Reino. O antigo Vice-Reino do Rio da Prata fragmentou-se nos anos que sucederam a secessão do Império Espanhol perdendo, progressivamente, o controle do Alto Peru e do Paraguai. Em seu lugar surgiram repúblicas, como a Bolívia e as Províncias Unidas, epíteto que caracterizou a experiência comandada por Buenos Aires em seus primeiros anos como país autônomo. Mas, mesmo no interior das novas entidades, persistia o conflito entre forças centrífugas e os centralizadores, além da contestação permanente das hierarquias centenárias que oprimiam os mais vulneráveis. O problema não se limitava à dificuldade dos regimes pós-independência em estabelecer monopólios sobre os meios de coerção em seus próprios territórios, abrangendo também a dificuldade para definir precisamente a extensão desses mesmos territórios, que permanecia indeterminada para grande parte de seus habitantes. Os mapas do período expressam essas incertezas, com contornos muitas vezes indefinidos.

O que prevaleceu foram pequenas soberanias, caracterizadas pelo termo *patrias chicas* (pátrias pequenas). No Prata, a expressão desse tipo de soberania se deu através da organização das províncias, divisão territorial que respondia aos interesses locais, comandadas por líderes guerreiros, vinculados ou não a famílias importantes de cada região. Essa solução ocorreu no contexto de guerras civis intestinas, que desorganizaram a produção e destruíram a parca infraestrutura, por vezes levando à contestação da ordem social preexistente. Foi a partir das províncias que se organizaram a frágil vida constitucional e a ideia de independência, processo que o historiador Tulio Halperín Donghi definiu como a "ruralização das cidades".

A retroversão do antigo poder monárquico ao seio dos povos, a princípio representados pelas cidades e, posteriormente, pelos estados provinciais que surgiram após a independência, transformou as forças militares num elemento vital para alcançar o domínio e a administração do território em sociedades de fronteira em expansão. Esse movimento gerou conflitos de jurisdição que inviabilizaram o processo de institucionalização de uma ordem centralizada. Uma característica dessas lutas era a dificuldade das múltiplas elites para chegar a um consenso a respeito da forma de organização política e da estrutura da nova nação. As disputas entre soberanias distintas levaram à formação de diversos estados provinciais, cuja autonomia comprometeu a formação de um Estado nacional forte desde o início. Em meio à crise institucional do pós-independência, emergiram chefes militares, tanto de origem rural como urbana, comumente denominados "caudilhos", que mobilizaram suas populações através do contínuo exercício da violência contra os adversários.

A natureza do poder dos caudilhos é tema controverso. Na visão clássica, eles foram associados à barbárie e ao despotismo pessoal. Nessa chave, os caudilhos como expressão do poder rural de uma população mestiça foram responsabilizados pelo atraso institucional e político do interior. Novas perspectivas, associadas à análise dos discursos políticos, das práticas eleitorais e das intervenções de grupos subalternos, contestaram, contudo, a visão clássica do fenômeno, ligando os caudilhos à história constitucional da região e conectando-os às complexas relações entre militarização e democratização, especialmente no que diz respeito à liderança exercida por essas figuras sobre as populações rurais e ao entendimento das demandas populares nas províncias. Nesse sentido, os caudilhos passaram a ser vistos como elementos importantes da reconfiguração das identidades políticas no pós-independência, em oposição à associação à barbárie, que prevalecia nas análises clássicas. Por sua vez, as guerras também abriram novas oportunidades para setores antes marginalizados, como pequenos proprietários e militares de baixa patente, que ascenderam socialmente ao seguir as tropas. A criação de novos grupos de poder no interior das províncias possibilitou inovações nas formas de competição econômica e política, mas dificultou a integração entre as diferentes sub-regiões.

Situação da América do Sul em 1821

A incerteza sobre o futuro imediato tornava difícil o estabelecimento de relações diplomáticas regulares entre os luso-brasileiros e as repúblicas vizinhas, situação agravada pelos contenciosos de fronteira e pelas desconfianças dos platinos a respeito de pretensas intenções expansionistas e monarquistas que prevaleciam em terras brasileiras. A suspeita de posição expansionista havia crescido durante o período do Reino Unido, em virtude da incorporação da Banda Oriental (atual Uruguai) como Província Cisplatina em 1821. A despeito disso, a independência do Brasil foi reconhecida pelas Províncias Unidas, inaugurando o ciclo de contatos diplomáticos entre as duas entidades políticas – e gestões foram feitas, sem sucesso, junto ao governo do Paraguai.

O BRASIL E O PRATA

O Brasil se tornara independente mantendo o regime monárquico e ampliando o escopo da escravidão. A ausência de guerras civis prolongadas permitiu ao Império manter praticamente intacta sua elite governante e o desenho territorial herdado do período colonial. A forma como ocorreu a independência teve pouco impacto na sociedade e no sistema produtivo, que continuou com base na monocultura para a exportação, com bolsões de produção para o mercado interno. O regime centralizado tinha dificuldades para chegar a todas as províncias, mas, ainda assim, a estrutura mantinha uma aparência de maior estabilidade e continuidade, quando comparada às repúblicas vizinhas. A manutenção das distinções de governo herdadas da metrópole não congelou as possibilidades de ascensão social, mas havia poucos canais abertos para isso.

Nos primeiros anos, o imperador Pedro I nacionalizou o Exército, a Marinha e o corpo diplomático, num esforço para fortalecer a burocracia e reforçar as lealdades do seu círculo imediato. As províncias foram subordinadas ao poder central através da designação dos seus presidentes pelo ministério no poder. Ainda assim, a capacidade estatal mantinha-se fraca e o governo precisava negociar com os grupos locais para alcançar seus objetivos, pois a administração tinha pouca capilaridade. Dessa forma, para além da forte homogeneidade das elites, o Estado não dispunha de força suficiente para implementar projetos mais amplos, nem de recursos financeiros para financiar obras públicas de vulto. No interior do governo ainda ocorriam disputas entre brasileiros e portugueses pelos postos de maior prestígio, mas essas contendas eram muito menos intensas do que as que se passavam nos países vizinhos, onde os peninsulares que não se nacionalizaram foram excluídos da participação política. Apelava-se para um nacionalismo difuso, mediante símbolos que buscavam reforçar a figura do monarca, sempre enaltecida em festas e comemorações. Havia, também, conflitos internos a respeito da forma de governo. Os grupos liberais desejavam uma monarquia constitucional controlada pelo parlamento, que diminuísse o poder do imperador. Mas a decisão de Pedro I de promulgar uma Constituição centralizadora em 1824 definiu a direção dos eventos. Logo em seguida, a derrota da Confederação do Equador, movimento separatista de caráter federalista que eclodiu em algumas províncias do Norte, confirmou a primazia do poder central através da repressão violenta aos revoltosos derrotados. A independência brasileira, portanto, afetou menos a sociedade imperial que a sucedeu, quando comparada ao que se passou nas demais nações sul-americanas. Ela manteve um claro centro de poder no Sudeste, alinhado às elites exportadoras do Norte. Mas a consequência da forma como tudo ocorreu foi a manutenção de uma sociedade fortemente hierarquizada, baseada no latifúndio, na escravidão e na forte estratificação social, fatores que condicionavam a evolução política daquela entidade na direção conservadora, a despeito das crenças liberais de Pedro I.

Uma consequência do modo como ocorreu a independência foi o esforço diplomático para a defesa dos interesses de brasileiros residindo nas áreas de fronteira. Esses interesses envolviam a aquisição de terras e o controle de gado e escravos nos dois lados. O centro desse esforço foi a província do Rio Grande do Sul, onde estancieiros e comerciantes foram sempre muito ativos nas atividades militares, que envolviam campanhas nos territórios próximos. Essa tendência aproximava os habitantes daquela província a algumas práticas e costumes dos países vizinhos, criando uma lealdade nem sempre confiável, que acenava com a ameaça do separatismo. Como observou a historiadora Wilma Peres Costa, o Rio Grande do Sul era o nervo militar do Império no Prata, mas também constituía seu calcanhar de Aquiles. O papel da província foi central para a política imperial no Prata e para o ciclo de guerras internacionais que sobreviria. Mas sua inserção foi lenta e problemática.

Outro gargalo era a província de Mato Grosso, a oeste. O acesso por terra àquela região era difícil, isolando seus habitantes de contatos mais frequentes com o resto país. Ao longo da primeira metade do século XIX, as autoridades imperiais se esforçaram para obter acordos de livre navegação nos rios Paraná e Paraguai que possibilitassem uma viagem mais rápida até o extremo ocidental do território. Entretanto, as disputas políticas no Prata dificultavam acordos e a questão do acesso permaneceu distante de uma solução prática até o início da década de 1850.

No decorrer do século XIX, o governo imperial interveio com alguma constância no Prata, através de dois ciclos: um primeiro, entre 1810 e 1828, quando o principal objetivo foi a anexação do Uruguai; e, um segundo, a partir do final da Revolta Farroupilha, de 1845 a 1852, quando o governo brasileiro obteve um acordo vantajoso com o Uruguai e, em seguida, derrubou o governador de Buenos Aires, Juan Manuel de Rosas. A ação diplomática se dava por meio de missões comandadas por nomes importantes da política imperial e esteve acoplada ao uso da violência para obter vantagens junto aos governos vizinhos, mediante acordos com esses mesmos governos ou com grupos internos rivais. No Uruguai, esse intervencionismo luso-brasileiro que começara em 1811 foi herdado pelo novo Império, que incorporou a região como província antes mesmo da independência. As divergências políticas ali seriam o mote de vários conflitos que estariam na base da guerra que eclodiria em 1864, envolvendo outro participante que inicialmente esteve isolado do restante da região.

O ISOLAMENTO PARAGUAIO

A história paraguaia entre a independência, em 1811, e o início da guerra tem sido objeto de intenso debate. Os primeiros 60 anos como Estado independente foram, a princípio, analisados como um período de governos autoritários, para, posteriormente, serem caracterizados como um período de progresso e justiça social pelos historiadores revisionistas. As análises a respeito da quantidade de poder pessoal obtido por distintos ditadores e sobre o forte grau de interferência do Estado são apenas alguns exemplos da diferença. Grande parte das interpretações sobre o Paraguai pré-guerra centra-se no longo governo de José Gaspar Rodríguez de Francia, que dirigiu a resistência contra o expansionismo argentino na primeira metade do século XIX.

O Paraguai começa a se constituir como sociedade a partir de 1617, consolidando-se como um bastião tanto contra as invasões portuguesas quanto em relação às incursões indígenas provenientes do Chaco. Essa situação constituiu a província como uma das mais militarizadas do Império Espanhol. As relações com Buenos Aires foram tensas desde, pelo menos, o início do século XVII. As autoridades paraguaias acusavam a cidade portuária de acumular as melhores mercadorias, enquanto o comércio da erva-mate era intermediado por mercadores buenairenses, em detrimento dos interesses locais. As autoridades também acusavam os portenhos de manter a província interiorana numa situação permanente de pobreza e dependência.

Nações são criadas por amor e ódio. O senso de identidade que mantém uma nação unida não é só a mistura de crenças compartilhadas, ideias e costumes, mas também temores comuns e inimizades. Normalmente, no momento do nascimento, o medo de um inimigo comum é a força unificadora dominante – o medo do Antigo Regime corruptor ou do opressor estrangeiro. O Paraguai não foi exceção. A República surgiu dos conflitos de soberania entre a região e Buenos Aires. Após a Revolução de Maio (movimento político que proclamou a autonomia de Buenos Aires contra a Espanha), as elites paraguaias recusaram-se a subordinar-se a Buenos Aires. A derrota do Exército portenho chefiado por Manuel Belgrano, em 1811, deu início ao processo comandado inicialmente pelo governador Bernardo de Velasco, no qual os paraguaios afirmaram sua soberania.

Com a fuga do governador, ainda durante a campanha, a defesa da província recaiu nas mãos dos líderes *criollos*. Na sequência, as lideranças militares responsáveis pela vitória contra os portenhos derrubaram o enviado espanhol. Criou-se, então um Conselho de Regência, no qual José Gaspar Rodríguez de Francia se tornaria figura central. Em seguida, convocou-se um Congresso Geral, de caráter estamental, reunindo representantes de diferentes regiões e profissões. Tem início uma sucessão de acontecimentos, na qual a interação entre os militares e um congresso de vizinhos estabelece os marcos políticos para os caminhos do Paraguai independente. O ponto central desses debates era a relação com Buenos Aires. Duas facções se destacaram inicialmente: uma, favorável à integração; e outra, adepta de uma relação confederada em que o Paraguai preservaria sua autonomia.

Nesse contexto, sobressai a figura de José Gaspar Rodríguez de Francia (1766-1840), vogal do *cabildo* de Assunção, que consolidará uma forma de poder tão peculiar quanto autoritária. Francia declarou que o povo paraguaio não estava maduro para as instituições da liberdade; e manipulou o Congresso, aumentando o poder dos delegados do interior, no intuito de contestar as prerrogativas das elites de Assunção. Paralelamente, ele construiu a liderança sobre os militares, expurgando os oficiais responsáveis pela derrota de Buenos Aires. Ato contínuo, o Congresso proclamará Francia como Ditador Perpétuo, uma posição a partir da qual o governante demolirá o poder das elites, tanto *criollas* como peninsulares, concentrando cada vez mais autoridade em nome da paz e da segurança da República. Alguns historiadores classificaram essa forma de governo como "paternal", no sentido da exclusão da participação popular lastreada por uma concepção conservadora do republicanismo. A manutenção de tradições institucionais anteriores foi particularmente visível na administração da justiça, nos manuais escolares e na ausência de uma divisão real entre três poderes independentes e autovigilantes.

Se algo fez do Paraguai um caso excepcional na região foi a concentração inicial de poder nas mãos do Executivo, sustentada pela contenção das elites assuncenas e, finalmente, acompanhada de uma forte centralização política e territorial. Difícil saber como Francia conseguiu coordenar todas essas tarefas e, simultaneamente, cristalizar uma aliança com os setores mais pobres da população em torno da proteção dos pequenos proprietários, conhecido como *chacareiros*. Um caminho foi a manipulação dos diversos congressos, com a crescente participação de lideranças do interior, crescentemente alinhadas com Francia. O ditador também contava com redes de espionagem, que envolviam escravos domésticos e outras pessoas de confiança, um sistema de vigilância que lhe permitiu monitorar os movimentos dos opositores, antecipando suas ações. Uma conspiração foi descoberta em 1820, levando à prisão de vários membros da elite paraguaia e consolidando o poder da ditadura.

As ações que levaram Francia a concentrar poder tiveram como pano de fundo a delicada situação da política externa paraguaia. Ao longo da década de 1810, a província foi ameaçada por três entidades políticas distintas: os portenhos, ainda empenhados em criar uma República centralizada sob o comando das elites da cidade de Buenos Aires; os portugueses, interessados em impor Carlota Joaquina, irmã do rei deposto, Fernando VII, e esposa de Dom João VI, como vice-rainha do Rio da Prata; e José Artigas, envolvido em cooptar os paraguaios para uma aliança defensiva, num projeto de confederação que incluiria a Banda Oriental (Uruguai) e as províncias do litoral argentino. Pequeno e pobre, a situação precária do Paraguai levou a Junta, grupo de notáveis que assumiu as tarefas do governo após a queda do vice-rei, a buscar apoio em Francia, que dispunha de um cabedal de conhecimentos políticos e de capacidade de negociação não igualada pelos demais membros daquele corpo. Essa capacidade era acompanhada do ressentimento do ditador em relação às suas origens, já que não provinha do núcleo principal da elite do país, tendo sofrido o estigma de uma origem plebeia, que procurou compensar através da educação, com formação universitária em Direito Canônico, obtida na Universidade de Córdoba. À época da independência, com a possível exceção de alguns padres, Francia era a figura mais ilustrada do país e sabia fazer bom uso dessa qualidade.

Francia manipulou a Junta, exigindo o comando de um batalhão de infantaria criado apenas para ele e afastando os membros com simpatias por uma união com Buenos Aires. Sua caminhada para o poder beneficiou-se dos temores de subjugação do Paraguai e de uma imagem de estoicismo pessoal que contrastava com o padrão mais perdulário demonstrado por outros membros daquele corpo. O comportamento e o modo de vida de Francia eram bem-vistos pelos paraguaios, em geral, acostumados a uma vida modesta, plasmada pela simplicidade da organização jesuíta. A independência formal do Paraguai, declarada em outubro de 1813, coincidiu com o fortalecimento do poder do *Karaí-Guazú* – título guarani que significa "Grande Senhor", normalmente conferido pela população a líderes de destaque no século XIX –, como Francia era conhecido. O afastamento de Buenos Aires coincidiu com a substituição da Junta por um Consulado, formado por dois homens: Francia e Fulgencio Yegros, cujos mandatos de quatro meses seriam inicialmente revezados. A despeito da proclamação, a independência paraguaia não seria oficialmente reconhecida por outros países até 1844, situação que aprofundou a necessidade de medidas excepcionais para salvaguardar a autonomia regional num cenário crescentemente hostil.

Para os projetos de Buenos Aires, os processos em curso no Paraguai constituíram uma grande derrota. Em 1814, a província precisava desesperadamente de homens para compor seus exércitos em luta na Banda Oriental, no Chile e nas províncias do Norte. O processo de aliciamento do Paraguai respondia a essa necessidade militar. Mas os paraguaios não estavam interessados em ajudar Buenos Aires e o crescente apoio à Francia implicou o fortalecimento de uma posição isolacionista que perpetuasse a paz interna.

O processo de consolidação do poder de Francia passou por várias etapas. A princípio, o cônsul procurou isolar os peninsulares, impondo regras de nacionalização compulsória e proibindo a realização de casamentos entre eles, simultaneamente, proibindo-os de atuar como padrinhos em casamentos ou testemunhas em processos legais. Os peninsulares só poderiam casar-se com paraguaios, uma medida que pretendia ferir de morte o espírito de casta e acelerar uma espécie de "revolução genética", incrementando a mestiçagem entre os vários grupos da população. Feria também as relações de compadrio, que colaboravam para instituir redes de influência independentes do poder público.

Decreto de proibição dos casamentos entre peninsulares

"1º Que não se autorize o matrimônio algum de varão europeu com mulher americana conhecida e reputada por espanhola no povoado desde a 1ª até a última classe do Estado, por ínfima e baixa que seja, sob pena de separação e confisco dos bens dos padres ou curas autorizantes de tal matrimônio e de confinamento no Forte Borbon do europeu contratante por dez anos e confisco dos seus bens.

2º Que no caso de tentarem os europeus contrair matrimônio com mulher americana de qualidade expressa e classe espanhola, por ínfima que seja, clandestinamente, serão castigados com as mesmas penas, sem prejuízo da decisão sobre a nulidade do matrimônio assim contraído.

3º Que em nenhum juizado secular ou religioso se admitam petições ou esponsais de europeus, mesmo que prometidos por escritura pública, às mulheres da referida qualidade, nem sobre estupro alegado com o fim de obrigar-se a contrair-se o matrimônio entre tais pessoas, sob as mesmas penas assinaladas.

4º Que os europeus não devem ser admitidos aos batismos como padrinhos de pia, nem nas confirmações dos meninos da classe mencionada; nem ser admitidos como testemunhas de nenhum matrimônio, sob as mesmas penas.

Mas os europeus poderão casar-se com as índias dos povoados, mulatas conhecidas ou negras."

(Decreto de 1º/3/2014 citado em POTTHAST, Barbara. La independencia paraguaya y la suposta homogeneización étnica de la joven nación. *Almanack,* Guarulhos, n. 31, 2022. Disponível em: <http://doi.org/10.1590/2236-463331ef00222>. Acesso em: 12 jan. 2025.)

Ao longo de 1814, Francia desterrou para o interior da República vários membros da elite política que lhe faziam oposição. Essas ações se beneficiaram do surgimento de um sistema de espionagem que muito cresceria nos anos seguintes.

Em outubro de 1814, um Congresso foi reunido em Assunção sob a observação ostensiva de soldados postados nas ruas da capital. As composições dos congressos apresentavam um número crescente de delegados do interior, talvez no intuito de ferir de morte a influência da aristocracia assuncena. Francia foi eleito Supremo Ditador da República por um período de cinco anos. A partir daquele momento, o ditador ficaria conhecido pela alcunha de *El Supremo*, um epíteto que o acompanharia até sua morte, 26 anos mais tarde.

Ao iniciar seu governo, Francia tinha contra si a Igreja, a elite *criolla* e os peninsulares. A intensificação de crises nas fronteiras reforçou o poder de Francia, levando-o a ser proclamado em 1816 por um novo título,

Ditador Perpétuo da República, posição que sustentaria até 1840. Entre 1818 e 1819, a partir de denúncias de uma conspiração para derrubá-lo, Francia prendeu e executou boa parte das lideranças da elite político-econômica do Paraguai, incluindo próceres da independência, dos quais mais de 60 seriam fuzilados em 1821.

Vários motivos haviam contribuído para uma mobilização dos quadros das elites. A perda de poder e influência tinha sido agravada pela quase completa paralisação do comércio exterior, que muito prejudicou seus interesses. A estagnação econômica também impediu a importação de artigos de luxo, implicando transformações no vestuário, que de certa uniformizaram as aparências nas áreas urbanas. Daí os planos para assassinar o ditador, que foram revelados pela rede de espiões que chegava até o confessionário das igrejas. A repressão foi extensa e forte, enchendo as cadeias e proporcionando o espetáculo público de homens ricos marchando acorrentados pelas ruas de Assunção. Por volta de 1823, contudo, o terror havia cessado e uma completa transformação na estrutura social das elites completara-se, com o afastamento de homens que se destacaram por sua origem social e fortuna.

A contenção e o disciplinamento das elites políticas faziam parte do projeto de construção da autonomia estatal capitaneado por Francia, um processo de erros e acertos que pautou todo aquele longo governo. O Estado paraguaio se tornaria uma entidade fundamental no tocante tanto ao desenvolvimento econômico quanto ao processo de autonomia *vis-à-vis* às Províncias Argentinas e à Monarquia brasileira, um processo que fortaleceu a centralização política paraguaia de maneira excepcional quando comparada à dos vizinhos platinos.

Francia isolara-se como única fonte de poder, uma posição que sustentaria por mais de duas décadas, sem interferência. Durante a repressão, a população da capital declinou em provavelmente um terço. As antigas elites de origem *criolla* ou peninsular perderam boa parte de sua riqueza, expropriada pelo Estado paraguaio. Os poucos sobreviventes entre as elites, ou aspirantes a elas, como Carlos Antonio López, futuro ditador do país, tiveram que se refugiar no interior, vivendo vidas pastorais, sem chamar a atenção do ditador ou de seus agentes. Uma verdadeira revolução autoritária, que transformou a composição social do país, chegava ao seu apogeu sem que uma guerra civil tivesse acontecido.

Assim como ocorrera durante o processo de independência, a repressão de Francia encontrou resistência nula na sociedade. As transformações foram processadas desde cima, com pouquíssima mobilização popular. Desse modo, fora os grupos de elite, houve pouca transformação social, circunstância que permitiu a manutenção da escravidão, ainda que uma parcela considerável de escravizados tenha sido transferida para as mãos do Estado para trabalhar no campo ou em projetos de infraestrutura. Essa situação também reforçou a submissão da população ao poder centralizado, que reinaria sem oposição organizada nos anos posteriores.

Em seguida, Francia investiu contra a Igreja. Por volta de 1823, a Igreja do Paraguai constituía a única instituição capaz de fazer uma oposição regular ao ditador, principalmente devido ao fato de possuir quadros educados, bem como pela influência na educação e nas questões religiosas. As ações do ditador, fechando o seminário de Assunção e conventos, secularizando as ordens eclesiásticas, expropriando fazendas e escravos pertencentes à Igreja, transferindo vigários para paróquias no norte do país e proibindo a cobrança de dízimos, tiveram efeito imediato. Através das medidas tomadas, a instituição foi subordinada ao Estado paraguaio num contexto que a transformaria numa organização auxiliar ao poder nascente.

Outra transformação importante foi a abolição dos *cabildos* de Assunção e Villa Rica, em 1825. Os *cabildos* haviam desempenhado funções importantes nos primeiros anos da era das independências. Nas Províncias Unidas do Prata, constituíram uma das bases do nascente poder provincial, funcionando como referências para a autonomia regional. Como instituição representativa, encontravam-se em decadência em todo o Prata, com as funções sendo paulatinamente substituídas por salas de representantes, que emergiram com o crescimento das províncias e o processo de "ruralização das cidades" (conceito referindo-se às cidades que passaram a ser crescentemente influenciadas por forças de origem rural, perdendo a autonomia que haviam tido durante o período colonial). No Paraguai, os *cabildos* foram substituídos pelo sistema de dois vogais, que imprimiu à atividade municipal um selo basicamente administrativo, encerrando quaisquer funções de representação política e reforçando o processo de subordinação e centralização.

Francia estendeu a educação primária, tornando a educação pública, gratuita e obrigatória para os meninos de 7 a 10 anos. Ainda que essa iniciativa tivesse falhado em obter uma cobertura universal, as taxas de alfabetização ampliaram-se progressivamente ao longo das 4 décadas seguintes. Na escola, as crianças eram instruídas através do manual *El catecismo de*

San Alberto, um folheto de origem Bourbon, publicado logo após a derrota da revolta do líder indígena peruano Túpac Amaru. A obra, de caráter absolutista, exortava os alunos à obediência absoluta. Sua adaptação para um ambiente republicano reforçou as noções de respeito às autoridades constituídas num plano totalmente verticalizado.

Durante seu longo governo, Francia fortaleceu o Estado paraguaio por meio de um conjunto de ações que passaram pelo aumento do número de escravos pertencentes ao Estado e pela expansão das "estâncias da pátria", conjunto de propriedades rurais, muitas delas resultado de expropriações praticadas contra a Igreja e os particulares. As estâncias produziam tabaco, algodão, açúcar, carne e também vendiam madeiras, mas era a colheita de mate que constituía a principal atividade econômica. O Estado paraguaio recebia por esse comércio, atuando como um importante ator econômico. O Estado desenvolveu ainda o monopólio sobre o crédito e a moeda, num estilo muito similar ao do modelo bourbônico do período anterior. O serviço militar era vinculado às obras de infraestrutura (através da utilização dos soldados como trabalhadores assalariados), tais como: a construção de estradas e pontos; a reforma de igrejas e prédios públicos e o trabalho nas "estâncias da pátria"; a melhoria das estradas e reformas urbanas, principalmente em Assunção, além da coleta do mate. Noventa por cento dos gastos públicos passaram a consistir no pagamento dos soldados. A amplitude do serviço militar impactou na reestruturação dos casamentos, uma vez que uma parcela dos homens que seguiam para as tropas eventualmente decidia não voltar para suas famílias. Da mesma forma, a proibição de casamentos entre as famílias *criollas* levou a um aumento relativo das uniões consensuais entre as famílias das elites, especialmente aquelas residentes no interior, cujos pedidos de autorização eram recusados pelo ditador.

O ditador mantinha intensa correspondência com os administradores das fazendas, com seus delegados no interior, despachando inclusive sobre autorizações para casamentos, sentenças, inspecionando itens comerciais, debatendo questões associadas aos costumes e discutindo as relações entre senhores e escravos. Era auxiliado nessa tarefa pelas pequenas dimensões do território, que o assemelhava a uma província, facilitando os contatos do ditador com seus agentes no interior e permitindo um amplo conhecimento dos dados estatísticos da República. Era um Estado forte, mas não era um Estado constitucional.

Ao longo do período, Francia manteve relações tensas com comerciantes e visitantes estrangeiros, aspecto de uma desconfiança obsessiva no que concerne às influências externas. Alguns foram retidos, como ocorreu com o botânico francês Aimé Bonpland, capturado perto de Candelária e mantido no Paraguai por quase 10 anos. O diplomata brasileiro Antônio Manuel Correia da Câmara, designado para tentar uma aliança militar em 1824, foi outro estrangeiro mantido no Paraguai por cerca de 3 anos. A contenção das disputas entre os vizinhos, a autonomia estatal e a relação direta entre Francia e os grupos mais pobres da população constituíram as principais características do período compreendido entre a independência e a morte do ditador, tornando o Paraguai uma experiência única de estabilidade na região. O preço dessa opção política foi a impossibilidade de criar um sistema político liberal no Paraguai e a verticalização das relações políticas, características que seriam mantidas até o final da Guerra do Paraguai.

A identidade nacional paraguaia foi cristalizada na segunda década do século XIX a partir de vários fatores, entre eles: a sua precária posição na bacia do Prata; sua exposição permanente à instabilidade das Províncias Unidas Argentinas; e seu isolamento em virtude das rivalidades entre portenhos e brasileiros. Finalmente, a composição étnica do povo paraguaio – a maior parte do qual descendia da mestiçagem entre espanhóis e índios – e o uso massivo do guarani como língua franca facilitaram a percepção de sua identidade nacional como distinta daquela da Confederação Argentina em contraste com a "tranquilidade" do Paraguai. Os paraguaios responsabilizavam a política centralista da capital do antigo Vice-Reino pela instabilidade, atitude que persistiu durante o restante da primeira metade do século XIX.

O sistema desenvolvido por Francia e mantido por seus dois primeiros sucessores foi visto por alguns intelectuais como um caso de sucesso do despotismo esclarecido na América do Sul, em oposição às experiências republicanas das demais nações emergentes. Essa percepção surgiu nos anos finais do século XIX e foi sustentada por intelectuais antiliberais, críticos da forma como a maioria das nações se institucionalizou no continente, especialmente devido ao passivo de pobreza e exclusão. Durante a segunda metade do século XX, no contexto das ditaduras militares do Cone Sul, essa visão ganhou a simpatia de intelectuais de esquerda, ligados à Teoria da Dependência, que associaram o regime autárquico do Paraguai a uma experiência protossocialista. Há muito de mito nessa visão, uma vez que o isolacionismo paraguaio provavelmente resultou de condições externas adversas, não de um projeto político pautado especificamente pela busca da autonomia. Além disso, os poucos indicadores que chegaram até nós apresentam uma sociedade rural pobre, uma economia agrária subdesenvolvida e enormes gargalos, tanto no sistema de transporte quanto no que tange à urbanização.

Os camponeses paraguaios foram menos afetados pela política que seus congêneres no norte da Argentina e nos pampas, pela inexistência da guerra civil. O baixo nível de capitalização da agricultura, com o predomínio da coleta de mate, também contribuiu para que formas tradicionais de vida e trabalho fossem mantidas, com pouco impacto nas rotinas comunais e reduzida mobilidade espacial. O recrutamento para o Exército ou para obras públicas, aparentemente, incidia pouco sobre os camponeses e havia poucas remoções ou migrações internas relacionadas aos avanços do latifúndio. Os camponeses cumpriam formas de trabalho compulsório nas "estâncias da pátria", mas ainda não está claro se essas obrigações os oneravam mais que os sistemas de exploração agrária tradicionais. A ausência de guerras civis intermitentes certamente incidiu de maneira positiva na vida rural, poupando os habitantes dos atropelos mais comuns nas províncias vizinhas. Decerto, essa estabilidade teve mais relevância para a popularidade de Francia entre o seu povo do que o exercício de qualquer política específica de desenvolvimento. A República seguia pobre e isolada, e seus habitantes crescentemente desconfiados da presença estrangeira.

As ações de Francia reordenaram o Estado e a sociedade paraguaios. A repressão às elites demonstrou que o Estado podia agir de forma independente dos interesses dos mais ricos. Mostrou, igualmente, que uma boa parte da população mestiça não seria subordinada às oligarquias, tal como ocorreu em vários outros países das Américas. Francia patrocinou uma forma de indigenismo que sujeitou os camponeses ao Estado, ampliando o orgulho étnico e contribuindo para a constituição de uma forte identidade nacional, mas o espanhol, não o guarani, seguiu como a língua oficial, assim como as tribos não assimiladas continuaram excluídas, perdendo suas terras para as "estâncias da pátria". A principal vítima do processo foi o sistema representativo, ferido de morte no momento do seu nascimento e que permaneceria como uma demanda da oposição, sem maior enraizamento popular.

Em outras áreas do Prata, as práticas regulatórias do Estado paraguaio, a concentração da terra nas mãos do governo e a perseguição a portenhos e peninsulares não eram bem recebidas, aprofundando o distanciamento entre as Províncias Argentinas e a "nação guarani". Pelos anos seguintes, os líderes de Buenos Aires não abandonariam a esperança de reintegrar o Paraguai, que viam como uma província rebelde, ao resto da República. Mas o Paraguai não foi nem progressista, nem precursor no nacionalismo de esquerda do século xx. Tratava-se de uma nação pequena, envolvida em permanente conflito por sua sobrevivência, para isso adaptando práticas protecionistas derivadas das reformas bourbônicas. A despeito dessa fragilidade, o governo de Francia estabeleceu as bases do padrão republicano que seria seguido nos dois governos seguintes, até o final da primeira experiência republicana do país, em 1870. Nesse padrão, a distribuição de terras e o controle da Igreja e do comércio internacional pelo Estado contrastavam com as outras experiências políticas platinas.

O isolamento paraguaio durante o regime de Francia não foi escolhido; pelo contrário, ele resultou da instabilidade política da região. Após as independências, os conflitos entre as regiões do Rio da Prata foram frequentes. Como consequência dessa cadeia de eventos, tanto o Estado paraguaio como o poder de Francia se fortaleceram enormemente.

Francia por seus contemporâneos

"[...] Me faltam expressões para expandir os sentimentos de prazer que me causava ver, durante oitenta léguas de percursos desde Itapoá até Assunção, a numerosa população, o pitoresco país, que sem cessar se reproduzia ante meus olhos encantados, sob o aspecto mais risonho e agradável.

A aversão, a indisposição contra os de Buenos Aires é quase geral nesse Estado. É um sentimento nato. É uma convicção íntima, uma consequência necessária da falta de fé, desmesurada ambição e perfídia com que a República do Paraguai tem sido tratada por aqueles malvados."

(Carta de Antônio Manuel Correia da Câmara para o ministro dos Estrangeiros. Assunção, 1825. Citada em VÁZQUEZ, José Antonio. *El doctor Francia visto y oído por sus contemporâneos*. Buenos Aires: Editora Universitaria de Buenos Aires, 1975, pp. 250-1.)

A SITUAÇÃO URUGUAIA

O território que hoje conhecemos como República Oriental do Uruguai surgiu como uma região de fronteira. Ali, a soberania foi disputada por três unidades: pela Liga dos Povos Livres (proposta confederacionista envolvendo a união dos orientais com as províncias do litoral argentino), pelo Estado de Buenos Aires e pela Monarquia luso-brasileira. Conflitos entre soberanias rivais foram comuns a outras regiões do Prata, mas nos territórios da chamada Banda Oriental eles associaram guerra e comércio de forma mais intensa, devido tanto ao baixo grau de institucionalização da região quanto pelas constantes invasões provenientes do Brasil e de Buenos Aires.

Entre 1810 e 1816, o conflito pela independência confrontou o interior com o litoral. Liderados por José Gervasio Artigas, os gaúchos do interior pretendiam construir a Liga dos Povos Livres em oposição às províncias e a Buenos Aires. Tratava-se de uma solução semelhante à adotada pelos Estados Unidos, entre a independência e a ratificação da Constituição Federal em 1788. A concepção então vigente era de que cada parte manteria sua autonomia, enquanto um centro fraco comandaria as relações exteriores e algumas das questões militares da nova entidade. A dimensão do movimento liderado por Artigas era, portanto, transnacional, objetivando a formação de uma aliança defensiva com outras províncias localizadas às margens dos rios Uruguai e Paraná. O artiguismo, que cresceu e se consolidou nesse ambiente singular, difundiu-se como um autêntico movimento popular de âmbito regional, no vácuo aberto entre Buenos Aires e Montevidéu, enraizando-se em Entre Ríos, Corrientes e no Rio Grande do Sul, onde permaneceu influente muito depois do declínio do próprio Artigas. A composição do movimento era heterogênea, mas suas demandas respondiam às aspirações dos mais pobres, almejando a construção de um regime alternativo, no qual privilégios e hierarquias podiam ser contestados, particularmente no que dizia respeito à posse da terra e à integração de indígenas e escravizados a uma nova ordem política que seria gerida através do Regulamento de Terras. O movimento levou a sério a distribuição de terras e pensou em alternativas para o regime conhecido como "estância *criolla*", isto é, o latifúndio dominado por oligarquias, propondo o surgimento de uma economia diversificada, voltada para a produção de alimentos, com predomínio de pequenas e médias propriedades. A economia ressentia-se de uma divisão agrária bastante desigual, com grande desemprego e miséria no campo, situação evidenciada no nomadismo da população em face da falta de oportunidades. Evidentemente, essas propostas não eram bem-vistas pelas elites pastoris da região. Estas buscaram manter seu *status quo*, seja se aliando com Buenos Aires, seja, como acabaria prevalecendo, buscando uma união com o Reino Unido de Portugal, Brasil e Algarves, posição na qual manteriam certa estabilidade, ainda que subordinada aos interesses da Monarquia de Bragança.

As constantes campanhas contra portenhos e luso-brasileiros, além de dissidências entre seus aliados que crescentemente contestaram a liderança de Artigas, tornaram sua posição insustentável. Em 1820, em face da impossibilidade de continuar sustentando a luta, Artigas solicitou ao ditador paraguaio José Gaspar Rodríguez de Francia o exílio naquela República, que foi obtido em troca de completa renúncia a qualquer manifestação política que envolvesse sua volta ao cenário político platino. Artigas respeitou essa estipulação e viveu naquele país até sua morte, em 1850.

O desaparecimento do artiguismo como força política não redundou numa diminuição dos conflitos na Banda Oriental ou nas províncias do litoral argentino, que conviveriam com instabilidades pelas décadas seguintes. Os antigos lugares-tenentes do caudilho continuaram lutando entre si pelo poder, alistando seus correligionários e buscando o apoio de forças externas através de conflitos intermitentes. A relevância do experimento artiguista encontra-se no fato de a Banda Oriental ter se distanciado da órbita de Buenos Aires, aprofundando a fragmentação do antigo Vice-Reino e possibilitando o surgimento de um ciclo de conflitos de jurisdição, que estaria no centro das principais guerras das décadas seguintes.

A identidade do que viria a ser o Uruguai sofreu com essas disputas, articulando-se à conjuntura regional sem uma direção específica. A região compunha uma sociedade pastoral devastada por guerras, violência e personalismo, e assim permaneceu até o final do século XIX. Entre 1811 e 1814, no bojo do processo geral de autonomização, a província libertou-se da Espanha seguindo os movimentos gerais da região. Entre 1815 e 1825, ela pertenceu aos domínios luso-brasileiros, sendo posteriormente incorporada ao Império do Brasil durante o movimento que levaria à independência deste último, entre 1821 e 1822, sob o nome de Província Cisplatina. Entre 1825 e 1828, ela foi o epicentro da guerra entre o Brasil e Buenos Aires. A independência como Estado autônomo, obtida em 1828, decorreu de uma posição da Grã-Bretanha, cujo governo temia o controle do extenso litoral do Atlântico Sul por apenas dois Estados, mas não trouxe a estabilidade desejada.

O novo Estado era muito fraco e se estruturou a partir da ação de grupos políticos militarizados: os *blancos* e os *colorados*, controlando partes do território em aliança com grupos fronteiriços do Brasil, de Buenos Aires e de Entre Ríos. A dimensão do conflito pode ser medida pela instabilidade social, pela desconfiança entre fazendeiros e peões e pelo reforço na agregação militar como caminho da formação de lealdades.

A fluidez das lealdades políticas foi uma característica dos processos de independência nas Américas, mas, no Uruguai, ela prosseguiu nas décadas seguintes, resultando da mobilidade espacial e da instabilidade política que tornavam incertas as possibilidades de assentamento, e uniam atividades econômicas e guerra num mesmo contexto. A instabilidade era complicada pela sua condição de quase protetorado das duas potências sub-regionais. Era também agravada por um reconhecimento diplomático ambíguo, que não excluía a possibilidade de intervenção estrangeira no caso de instabilidade interna. Portanto, a independência uruguaia não libertou o país das dinâmicas políticas das sociedades vizinhas, situação que, aos olhos dos contemporâneos, aprofundava as incertezas quanto às chances de manutenção da independência nas décadas seguintes. A percepção de que a nação uruguaia poderia ser assimilada pelo Brasil ou pela Argentina seguiu muito forte entre os políticos e os analistas regionais, sustentando diagnósticos alarmistas sobre seu futuro como nação independente e soberana.

O IMPASSE ARGENTINO

A partir de sua independência, a Argentina esteve dividida entre Buenos Aires e as províncias do interior e, ao longo das décadas que se seguiram, a tendência foi de maior crescimento e dinamismo por parte dos buenairenses, enquanto o interior sofreu com a estagnação. Ainda assim, a crescente discrepância não significou uma simples ascendência de Buenos Aires sobre o resto do território nacional. Organizados sob a bandeira do federalismo, caudilhos locais resistiram aos projetos de dominação da futura capital, fazendo com que o processo de unificação nacional fosse paulatino e violento.

Enquanto o Paraguai se estruturava no arcaísmo, as províncias argentinas viviam encarniçadas guerras civis. A despeito da violência latente, o conjunto de províncias que permaneceram, de uma forma ou de outra, associadas nas Províncias Unidas do Rio da Prata ainda era grande o suficiente para sugerir a formação de uma nação moderna sob a égide republicana. O que faltava era o sentimento nacional, isto é, a sensação de pertencimento a uma mesma unidade política, que não preexistiu à independência. A despeito de algumas mentes brilhantes, não havia projeto de nação claramente estabelecido, e os líderes do processo permaneceram tateando na tentativa de criar uma república federal dotada de um Estado capaz de dar direção e consistência à nova formação. Para o desespero daquela geração, a tarefa mostrou-se muito acima das iniciativas e a separação foi sucedida por um processo de fragmentação territorial, cujas potencialidades iriam muito além da barbárie temida pelas mentes iluminadas. Nesse sentido, a independência assistiu ao surgimento de "várias argentinas", numa solução que impressionou negativamente os observadores estrangeiros, mas que os locais, em especial nas províncias do interior, aceitavam como necessária e desejável.

Na década de 1820, o surgimento do partido Unitário procurou reordenar a vida argentina na direção de uma república constitucional centralizada. Principalmente com a ascensão de Bernardino Rivadavia, os grupos portenhos influíram nas províncias, visando ao estabelecimento de um Estado mais robusto, que gerasse uniformidade e segurança. Negociações tiveram início com as lideranças das províncias e o panorama parecia mais promissor, quando comparado ao do imediato pós-independência. O movimento teve muito impacto na província de Buenos Aires, com a criação de um colégio nacional, para o qual deveria afluir a nata dos estudantes das províncias. O governo também investiu na realização de obras públicas e em iniciativas voltadas para a área cultural. Do ponto de vista da unificação, houve esforços para um novo processo constitucional. Contudo, esse arremedo de estabilidade foi sacudido por nova onda de instabilidade.

Em 1825, Buenos Aires patrocinou o movimento conhecido como Los 33 Orientales, que desembarcou em terras uruguaias, iniciando uma guerra que visava à união daquela região às demais províncias argentinas. Foi naquele momento que o termo "Argentina" passou a ser utilizado para designar uma nação em formação. Os primeiros resultados foram muito positivos para os interesses portenhos, os insurgentes obtiveram vitórias militares que, como a Batalha de Ituzaingó (conhecida no Brasil como Batalha do Passo do Rosário, travada em 20 de fevereiro de 1827), asseguraram o controle do interior da província. Simultaneamente, os argentinos tentaram organizar um Exército nacional, que demorou a passar à Província Cisplatina. Durante esse lapso, a Marinha brasileira bloqueou o porto de Buenos Aires. A partir de 1826, a guerra gerou uma espécie de empate, com as forças brasileiras concentradas nas cercanias de Montevidéu e os argentinos comandando o interior. Mas o Império do Brasil e Buenos Aires ainda constituíam Estados muito fracos, sem capacidade de arrecadação. Assim, o prosseguimento da guerra gerou problemas que afetaram novamente a estabilidade, levando, no fim, à aceitação da proposta inglesa de criação de uma república uruguaia independente. Nesse contexto, os argentinos criaram um Exército, mas perderam o Estado, abrindo um novo ciclo de instabilidade que só seria revertido com a ascensão de Juan Manuel de Rosas ao governo da província de Buenos Aires no final da década. Um novo ciclo do processo de construção do Estado começaria com o domínio dos Federais, partido político que, em princípio, opunha-se à liderança de Buenos Aires sobre as demais províncias, e a liderança rosista, que se manteve praticamente inalterada entre 1828 e 1852.

A guerra contra o Brasil entre 1825 e 1828 poderia ter constituído um momento de afirmação do poder central. Foi o primeiro conflito internacional entre Estados independentes das Américas e gerou surtos de patriotismo que sugeriam uma nova fase do processo de institucionalização. O grupo Unitário da província de Buenos Aires se propunha a liderar um renovado processo de centralização, mas vários desafios simultâneos demonstraram a incapacidade do governo daquela província para criar e abastecer um Exército profissional de alcance nacional, que se associasse ao esforço por criar um Estado supraprovincial, extraindo homens e recursos das demais províncias e consolidando uma ideia de nação mais consistente.

A constituição dessa força armada nunca foi consensual, levando várias lideranças locais a considerar que o Exército constituído para enfrentar o poder brasileiro na Cisplatina pudesse se voltar contra as próprias províncias. Essas preocupações foram acompanhadas por deserções e revoltas contra o recrutamento, que retardaram a organização da força militar. As deserções afirmavam a identidade marcadamente local dos soldados em oposição a um conceito ainda abstrato de nação, que tinha dificuldade para se impor muito além da capital.

Os argentinos pretendiam reincorporar a Província Cisplatina, contando com o concurso das forças rebeldes em operações contra o Império, mas nunca houve um consenso sobre qual seria o caminho a seguir, caso as forças brasileiras fossem derrotadas. A guerra antecipou, de alguns modos, o que viria a ocorrer 40 anos mais tarde, quando novo confronto violento aconteceria na região. As vitórias iniciais dos rebeldes e, posteriormente, a chegada do Exército argentino, confinaram os brasileiros em Montevidéu e Colônia. No entanto, o bloqueio do porto de Buenos Aires pela Marinha imperial praticamente paralisou o comércio platino. A partir de 1827, os beligerantes estavam exaustos, sem recursos para abastecer os Exércitos e sofrendo fortes críticas internas à conduta.

Os Unitários enfrentaram uma crescente oposição dos Federais, não apenas nas províncias mais distantes, mas também em Buenos Aires. No Brasil, Pedro I assistiu a um acirramento da oposição liberal, que nunca aceitou plenamente a Constituição outorgada em 1824, vendo a guerra pelo prisma da tentativa de aprofundar o despotismo monárquico em meio à crise política e institucional do regime. Menos de 3 anos depois, o imperador abdicaria em favor de seu herdeiro de 5 anos de idade. Tinha início a experiência das regências, que governariam o Brasil pelos próximos 9 anos. A partir da intervenção inglesa, chegou-se a um acordo sobre a formação de uma República do Uruguai, um Estado independente que funcionaria "como algodão entre cristais", nas palavras de um diplomata britânico.

Simultaneamente, o final da Guerra Cisplatina comprometeu a subordinação de parte da liderança sul-rio-grandense ao Império. A perda da Cisplatina constituiu um duro golpe nos interesses da província do Rio Grande do Sul e dos seus comandantes militares. Poucos anos depois, eclodiria a Revolta Farroupilha (1835), que constituiu um movimento de contestação das relações entre os dois polos, adquirindo contextos secessionistas. A reintegração da província em 1845 reforçou a posição intervencionista do Império no Prata, uma vez que a cavalaria gaúcha era elemento essencial dos esforços militares, mas também vinculou a política externa brasileira aos interesses imediatos (e nem sempre coincidentes) dos comandantes da Guarda Nacional daquela região.

O esforço de guerra esgotou as finanças brasileiras, contribuindo para a queda do imperador e levando a diplomacia imperial a adotar uma atitude de neutralidade, que a afastaria do Prata pelas duas décadas seguintes. Assolado por revoltas provinciais, algumas de caráter separatista, o período regencial no Brasil marcou um recuo da agenda diplomática em face da ameaça de fragmentação territorial, além de expor o enfraquecimento do poder central. Durante os 15 anos seguintes, boa parte dos recursos do Império seria consumida no financiamento de forças militares, no intuito de conter as contestações à ordem centralizada e escravagista mantida no país após a Independência. Dentre essas revoltas, a Farroupilha no Rio Grande do Sul foi a que mais consumiu recursos, uma vez que os sul-rio-grandenses sustentaram uma rebelião que durou 10 anos, chegando a proclamar uma república independente.

A experiência da guerra contra Buenos Aires demonstrara a dificuldade de Estados fracos e subfinanciados para sustentar guerras internacionais, devido aos desafios envolvidos na constituição e no suprimento de grandes Exércitos nacionais. Após 1831, o sistema regencial que assumiu o comando brasileiro desmobilizou o Exército e passou a investir no fortalecimento da Guarda Nacional. A Guarda era uma instituição que refletia o localismo e o poder dos próceres do interior. Sua organização baseava-se em comandos distribuídos pelas províncias. Essa solução visava diminuir os gastos com a defesa. Mas um conjunto de revoltas provinciais, nas décadas de 1830 e 1840, demonstrou a dificuldade de cortar despesas nessa área nevrálgica da política interna brasileira, ressaltando a necessidade do emprego de forças militares minimamente profissionalizadas. Na Argentina, o desmantelamento do Exército reforçou as milícias territoriais de caráter partidário. Uma parte importante dos líderes militares passaria os anos seguintes comandando revoltas contra o governo em Buenos Aires, seriam todos derrotados até o início da década de 1840.

O PÓS-GUERRA CISPLATINA

Por volta de 1828, exaustas pelo esforço contínuo, Buenos Aires e as províncias se separaram novamente, uma solução que reforçou os aspectos descentralizadores e oligárquicos da política platina. A despeito de ter consolidado um Exército, o regime portenho mergulhou na instabilidade institucional. A partir de então, dissolveu-se, mais uma vez, a perspectiva de uma direção unitária para o processo de organização com a ascensão dos federalistas, que formulariam um projeto alternativo de articulação entre a cidade portuária e as províncias nos anos seguintes.

O caos subsequente ao assassinato do governador federalista Manuel Dorrego levaria a uma crise política que possibilitou a ascensão da liderança de Juan Manuel de Rosas, uma solução de força para a confusão política e institucional que reinava na região. Rosas chegou ao poder apoiado pela Sala de Representantes, acenando com paz e ordem. Entretanto, ao longo dos anos, governou como ditador, obtendo a soma do poder político (a supressão do sistema de três poderes), arranjo que concentrou todo o poder em suas mãos. O longo governo de Rosas permitiu certa estabilidade, ao preço do congelamento do processo de unificação e da exclusão da oposição unitária, que buscou reiteradamente soluções militares para depor o ditador, perdendo lideranças importantes nas insurreições das décadas de 1830 e 1840. Enquanto isso, através do poder pessoal, Rosas reorganizaria as relações entre a capital e o interior, segundo um complexo sistema de pactos interprovinciais fundamentados no carisma pessoal do líder, no controle das rendas alfandegárias do porto de Buenos Aires e no monopólio das relações externas pela capital. A posição privilegiada de Buenos Aires no estuário do Prata favoreceu o controle das rendas alfandegárias de toda a região. Com isso, as principais lutas diriam respeito ao controle desses ingressos, muito contestado pelas províncias. Mas os portenhos não abririam mão desse recurso, que lhes permitia apropriar-se de parte da riqueza produzida no litoral e no interior.

A repressão rosista dissipou a oposição, derrotando revoltas e contestações vindas das províncias. Rosas também se impôs contra bloqueios navais patrocinados pela França e pela Inglaterra. A despeito dessas vitórias, o governante não tinha poder para interferir no Paraguai, que se conservou isolado, uma vez que a navegação fluvial permanecia fechada para os seus produtos. Devido ao bloqueio, o Paraguai não se beneficiou da lenta reintegração da economia pastoral ao mercado internacional possibilitada por Rosas. Uma economia de subsistência se desenvolveu na pequena república, tirando vantagem das reformas realizadas por Francia. Associada à produção agrícola, o Paraguai também produzia cigarros, couro curtido e madeiras, cujos excedentes eram eventualmente exportados para o consumo regional.

Uma consequência da forma como o Paraguai obteve sua independência foi a interrupção dos contatos regulares com o exterior. As guerras civis nas províncias argentinas e o longo bloqueio naval durante o governo de Juan Manuel de Rosas estancaram o comércio ao longo do rio Paraná. A limitação do comércio entre 1814 e 1852 isolou o Paraguai, contribuindo para o senso de excepcionalidade, que era muito forte entre seus habitantes. Praticamente, apenas comerciantes brasileiros conseguiam interagir com os paraguaios nesses anos, através dos portos de Itapoá e Pilar. Era um comércio reduzido, controlado pelo governo do Paraguai. Mas o isolamento poupou aquela república das guerras civis argentinas.

Os Estados no Prata: uma nova fase

No início da década de 1850, apenas dois países da região apresentavam Estados razoavelmente organizados: o Império brasileiro, cuja elite política centralizadora derrotara as últimas rebeliões separatistas; e o Paraguai, cuja autocracia, comandada por Carlos Antonio López, segundo ditador da República, dava passos importantes para um processo de modernização militarizada, controlado pelo Estado. A despeito da manutenção da escravidão no pós-independência, os Estados brasileiro e paraguaio eram profundamente diferentes.

No Brasil, os presidentes de província nomeados pelo Ministério do Império precisavam negociar com as oligarquias provinciais para capilarizar as políticas nacionais, uma ação nem sempre efetiva quando se tratava da extração de recursos, fossem impostos ou recrutas para o Exército e a Marinha. Durante a Regência, boa parte das tropas fora desmobilizada, levando à forte redução do contingente do Exército.

Reformas na educação militar lentamente criaram um corpo de oficiais de Exército de características profissionais, isto é, com formação especializada em Engenharia e desconectado dos grupos políticos do interior. Mas o Exército imperial seguia pequeno e tinha suas funções compartilhadas com a Guarda Nacional, instituição de caráter local, controlada pelos poderes regionais. Reformas na estrutura da guarda centralizaram os processos de indicação de comandantes, mas essas recomendações reforçaram o papel das lideranças do interior no comando da instituição. A organização da Guarda atuava como um poderoso elemento de classificação social, que alinhava os votantes às hierarquias municipais. Ser um membro da Guarda constituía a melhor desculpa que um indivíduo poderia oferecer para ficar isento do recrutamento para o Exército. Essa relação fortalecia o poder de proteção dos comandantes, simultaneamente consolidando a obediência dos protegidos e controlando suas lealdades.

Outro importante aspecto da nova etapa foi o fim do tráfico atlântico de escravos, sob a imposição inglesa, que abriu uma nova fase na organização econômica e social do Império, resolvendo, temporariamente, os contenciosos com a Inglaterra. A Marinha britânica pressionara o Império a ponto de levá-lo à humilhação, portanto, o fim do tráfico decorreu de uma decisão racional dos conservadores ligados ao imperador, dada a impossibilidade de dar continuidade ao contrabando de escravizados.

No Paraguai, a morte de Francia em 1840 abriu um novo panorama na organização do poder. Carlos Antonio López assumiu o governo do Paraguai em 1844, tendo desempenhado funções como cônsul nos anos anteriores, ainda em substituição a Francia; mas a sucessão não gerou disputas acirradas, contribuindo para a manutenção da estabilidade interna. Tendo herdado de seu predecessor uma nação unificada, Carlos Antonio López não precisou enfrentar os problemas que seus vizinhos confrontaram permanentemente. O Paraguai não possuía movimento secessionista, nem contava com caudilhos atuantes. Essas condições reforçaram o poder do Estado como o principal empresário do país, mantendo uma tradição iniciada pelos burocratas espanhóis, que substituíram os jesuítas na segunda metade do século XVIII.

O novo governante suavizou a repressão, criou um periódico governamental, animou a vida cultural e promulgou uma Constituição de caráter centralizador, mas o regime permanecia fechado aos debates mais amplos. Carlos Antonio López alargou a capacidade estatal mediante a legalização do controle do comércio exterior. Os monopólios sobre o comércio de tabaco e erva-mate possibilitavam as rendas que permitiram ao governo investir em outros setores. Carlos Antonio López também abriu as facilidades do governo para amigos e parentes, beneficiando, sobretudo, sua família, numa atitude que constantemente confundiu as esferas pública e privada da administração. Um caso interessante que ilustra a confusão entre o público e o privado foi a construção do palácio de governo. Ele foi erguido num terreno presenteado a Solano López, filho do presidente, por seu padrinho, Dom Lázaro Rojas, antigo comandante da polícia durante o governo de Francia.

Se a atitude de Carlos Antonio López em relação às elites foi menos conflitiva, seu governo manteve o controle rígido às movimentações de adversários, ainda que o tratamento dispensado a estrangeiros tenha melhorado de maneira substancial, especialmente no que diz respeito aos negociantes e aos técnicos que passaram a frequentar a República com mais assiduidade.

Enquanto o Brasil abandonava a política de neutralidade na segunda metade da década de 1840, o Paraguai permanecia isolado devido à turbulenta situação em curso nas Províncias Argentinas. Levando em conta as ameaças vindas do governador Rosas, Carlos Antonio López criou a Guarda Nacional e modificou a composição do corpo de oficiais, visando à maior eficiência operacional. Mas o Exército seguia mal aprovisionado, muitos soldados andavam descalços e o conhecimento das técnicas mais modernas era bastante arcaico, particularmente na artilharia. A formação dos oficiais também era precária. Alguns se beneficiaram do intercâmbio com colegas brasileiros que visitaram a República, mas não se formaram quadros especializados nessa área. Também havia a preocupação do governo em não criar um corpo profissional excessivamente autônomo, que ameaçasse a autoridade do presidente. Assim, as Forças Armadas ficaram essencialmente subordinadas ao governo.

Oficiais e soldados paraguaios (1867),
gravura anônima publicada no periódico
L'Illustration, Paris, 12 janeiro 1867.

"Sentinela paraguaio: 'No tengo órdenes' [Não recebo ordens.]".
Gravura anônima que ilustra o texto "A visit to Paraguay, during the war"
de Thomas J. Hutchinson, em H. W. Bates, (edit).
Illustrated Travels: a record of discovery, geography, and adventure,
Londres, Cassell & Galpin, 1880.

O Paraguai constituíra, a muito custo, uma soberania independente das facções argentinas em luta nas décadas anteriores, e buscava o apoio brasileiro para sustentar sua independência. Essa posição encontrava respaldo na diplomacia imperial, interessada numa situação mais equilibrada no Prata, que permitisse a livre circulação de pessoas e produtos nos rios Paraná e Paraguai, fundamental para o acesso à província interiorana de Mato Grosso. Mas existiam contenciosos de fronteira entre os dois países que tensionavam as relações. Os paraguaios, usando o Tratado de Santo Ildefonso como base, pleiteavam a fronteira no rio Branco, enquanto os brasileiros, com base no princípio do *uti possidetis*, indicavam o rio Apa como o limite. Havia brasileiros espalhados pela região em disputa, e o Império vinha estabelecendo colônias militares e fortes no trecho entre os rios Branco e Apa, como a colônia militar de Dourados. Em 1856, foi assinado um tratado entre os dois países que adiava a discussão por 6 anos. O mesmo tratado garantia a livre navegação. A região em disputa permaneceu em litígio, e não foram raras incursões dos dois lados em busca da soberania no local. A diplomacia brasileira chegou a aventar uma divisão em partes iguais da área disputada, mas Carlos Antonio López não aceitou essa resolução.

Com o fim da Guerra do Farrapos, a diplomacia imperial distanciou-se de Rosas e indicou seu apoio à independência paraguaia. As autoridades imperiais temiam as intenções expansionistas do líder federalista argentino, particularmente no que se refere à incorporação dos antigos territórios que pertenciam ao Vice-Reino do Rio da Prata, um objetivo que, caso concluído, seria fatal aos interesses do Império por impossibilitar a integração nacional. As intenções anexionistas de Rosas ficaram evidentes durante a chamada Guerra Grande no Uruguai, quando forças *blancas* comandadas pelo caudilho Manuel Oribe sitiaram Montevidéu por vários anos. A reincorporação do Rio Grande do Sul pós-Farroupilha aumentou a capacidade militar do Império brasileiro e acordos começaram a ser costurados com grupos antirrosistas, visando neutralizar o poder do governador de Buenos Aires.

A integridade política do Paraguai era considerada imprescindível pela diplomacia imperial. Seguindo essa linha, o governo brasileiro enviou um diplomata de primeira linha, José Antônio Pimenta Bueno, em missão de reconhecimento da independência paraguaia em agosto de 1844. Com o sucesso da missão e o reconhecimento do Paraguai como República soberana, os dois países tornaram-se aliados. Em Assunção, o diplomata imperial costurou acordos de cooperação militar, funcionando como uma espécie de conselheiro informal do presidente, chegando até mesmo a fazer sugestões sobre a linha do jornal governamental, *El Paraguayo Independiente*, que publicava notícias defendendo a soberania da República. *El Paraguayo Independiente* era o único jornal então em circulação em Assunção, uma vez que o governo de López controlava a imprensa de forma rígida. O periódico tinha como linha editorial a defesa da independência e a exaltação dos feitos do governo.

A queda de Rosas, após a derrota na Batalha de Caseros, em 3 de fevereiro de 1852, transformou o panorama na região. As forças de oposição eram compostas por uma coalizão que envolveu exilados, caudilhos dissidentes, o governo do Paraguai e forças brasileiras. Elas eram comandadas por Justo José de Urquiza (1801-70), governador da província de Entre Ríos e um ex-aliado do ditador argentino. Figura controversa, Urquiza insubordinara-se contra os privilégios alfandegários de Buenos Aires que prejudicavam sua província, assumindo a liderança do projeto de unificação argentina. A partir daquele evento, iniciou-se um novo ciclo constitucional em terras argentinas que aliviaria temporariamente a situação paraguaia. Mas ela continuava complexa.

Após a vitória em Caseros, as províncias enviaram delegados que se reuniram na pequena cidade de San Nicolás. Lá, foram repetidas as demandas históricas dos Federalistas: divisão da renda aduaneira e o fim das restrições sobre o comércio fluvial. Notavelmente, outras antigas demandas por maior autonomia e protecionismo provincial perderam popularidade, já que, nesse momento, era economicamente mais atraente estreitar laços com a rica Buenos Aires. Desse encontro nasce o Acordo de San Nicolás, no qual as 14 províncias endossam a criação de uma nova entidade, a Confederação Argentina, ordenada por uma Constituição com um forte poder central que embasava a proposta da federalização de Buenos Aires. No ano seguinte se reuniram em uma constituinte para chegar a um consenso sobre o poder central e, em 1853, foi sancionada a Constituição, ratificada por todas as províncias, exceto Buenos Aires, que já havia rejeitado o Acordo de San Nicolás.

As propostas de unidade nacional que moldaram a nova Constituição ecoavam valores do nacionalismo defendido pelo liberalismo revolucionário buenairense, mas a cidade já não era mais a mesma então. As fortuitas experiências autonomistas mudaram o paradigma da capital. Buenos Aires não demonstrava interesse em abrir os rios e dividir os lucros aduaneiros, e as elites da cidade se recusaram a aceitar os termos impostos por Urquiza, que liderava a Confederação.

Nesse contexto de oposição nasceu o Partido Liberal, que aglomerou as forças buenairenses e nomes contrários ao projeto federalista de Urquiza. Entre suas lideranças, um dos nomes mais destacados foi o de Bartolomeu Mitre. Em 1852, os liberais organizaram uma revolta que derrubou Vicente López y Planes, governador da capital instalado por Urquiza e, apesar da tentativa federalista de conter a revolta, a falta de recursos das províncias interioranas tornou impossível derrotar os liberais. Os membros do Partido Liberal estavam divididos em dois grupos com opiniões diferentes sobre a independência de Buenos Aires, vigente desde o início da década de 1850. Os membros do primeiro grupo eram conhecidos como "Autonomistas" e defendiam a continuidade da independência buenairense; um segundo grupo estava constituído pelos "Integracionistas", que se opunham a esse projeto e defendiam um processo de unificação nacional sob o comando de Buenos Aires.

Buscando forçar a quebra do monopólio alfandegário de Buenos Aires, em 1854, Urquiza fundou uma nova Confederação Argentina, sob sua presidência e com capital paralela na sua província de nascença e influência, Entre Ríos. Sem ter acesso aos recursos buenairenses, a recém-formada Confederação Argentina sofreu severas dificuldades financeiras. Urquiza, que recebeu vultosos financiamentos brasileiros através do Barão de Mauá, tentou usar o rio Paraná para redirecionar o fluxo comercial e, apesar de suas políticas encontrarem algum sucesso em regiões como Rosário, onde a população e a economia demonstraram sinais de crescimento, a competição com Buenos Aires se provou árdua, levando ao colapso econômico da Confederação.

Portanto, nas províncias argentinas, os esforços para construir uma nova ordem política continuaram limitados pela dicotomia entre a cidade portuária e o interior, levando à constituição de dois Estados na década de 1850: a Confederação Argentina, sediada na cidade de Paraná; e o Estado de Buenos Aires, que incluía a cidade e a província homônima. A divisão entre Buenos Aires e as províncias moldava o cenário político regional. Buenos Aires, por constituir o centro do comércio internacional, arrecadava as rendas alfandegárias, situação que gerava ressentimento nas províncias, que viam suas economias sufocadas pelos privilégios da cidade portuária. A disputa pelo controle econômico e político foi uma das principais forças por trás das guerras civis da década de 1850. O principal desafio das elites nacionalizantes nos dois polos argentinos passou pela questão de como obter o monopólio legítimo da coerção a partir de um sistema que tendera a atomizar a obediência e a generalizar a ação armada, pulverizando-a pelas diversas províncias. Esse cenário poupou o Paraguai de maiores preocupações. Havia contenciosos com a Argentina, principalmente em relação à fronteira na região do Chaco, com os argentinos demandando o rio Pilcomayo como linha demarcatória, enquanto os paraguaios apontavam o rio Bermejo, mais ao sul, como limite geográfico.

A Confederação sofria com profundas diferenças regionais, especialmente quando consideradas em relação aos recursos financeiros e às vinculações internacionais estabelecidas pelo Estado de Buenos Aires, muito mais homogêneo no que dizia respeito à interação entre a liderança política e os objetivos institucionais. O Estado de Buenos Aires também contava com uma burocracia mais consolidada, uma vez que era a província mais rica, possuindo uma longa trajetória administrativa que datava do período colonial. À rivalidade entre esses dois Estados, somavam-se conflitos internos no interior das províncias, normalmente envolvendo a competição entre elites urbanas e lideranças rurais. A verdade é que a Batalha de Caseros não alterou a composição da liderança provincial, mantendo muitos dos antigos caudilhos perpetuados no poder. Nessas condições, o apoio de Buenos Aires a determinadas facções locais da Confederação minava a força e a autonomia provincial, atraindo elites dissidentes para o projeto de nação dos Liberais-Unitários, que acenava com o progresso econômico através da modernização.

A instabilidade decorrente da dualidade institucional argentina refletia no Uruguai, ainda muito permeável às disputas internas na República vizinha, portanto, dividido em guerras e contando ainda com uma grande população de brasileiros emigrados. Após o final da Guerra Grande, o Uruguai se estabilizou como um semiprotetorado brasileiro. O tratado de 1851 ratificado, mas nunca plenamente cumprido, atendia às demandas imperiais, principalmente dos seus súditos gaúchos. Mas a pequena República seguia dividida entre dois partidos. Em princípio, os *colorados* identificavam-se com um liberalismo modernizador, que correspondia aos interesses portuários de Montevidéu. Por seu lado, os *blancos* postavam-se numa posição mais tradicional, sustentando um conservadorismo de base rural muito próximo à concepção dos governos paternais já descrita. Mas questões vinculadas à lealdade a líderes de facção contavam provavelmente muito mais do que eventuais diferenças de orientação política. O final da Guerra Grande (1839-1851) constituiu uma trégua que não encaminhou uma paz política consistente para acalmar os ânimos dos partidos. Durante o conflito interno, ocorreu uma diminuição significativa dos rebanhos nacionais, em razão dos saques e das pilhagens executados pelos adversários. Além disso, devido à destruição, houve queda substancial no preço das terras dos departamentos ao norte. Essa circunstância estimulou os estancieiros do Rio Grande do Sul a comprarem mais terras na República vizinha. Sentindo-se protegidos pelo tratado de 1851, que beneficiava os interesses brasileiros, e por meio de alianças com os *colorados*, imigrantes cruzaram a fronteira, trazendo consigo gado e escravos. A princípio, houve poucos conflitos entre os brasileiros e os uruguaios, mas lentamente, a presença da escravidão, num solo livre desde 1846, levou a atritos entre diferentes concepções sobre a ocupação do território. Além disso, fugas escravas desde o Rio Grande do Sul frequentemente complicaram as relações bilaterais, uma vez que os estancieiros apresentavam listas de escravos fugitivos que o governo uruguaio não repatriava, seja por não conseguir, seja ainda porque muitos desses fugitivos acabavam alistados nas milícias daquele país, constituindo recurso militar imprescindível. Nessas condições, a influência de forças externas contribuía para aumentar a instabilidade daquela República. Assim, a queda de Rosas garantiu a independência do Uruguai, mas não resolveu os conflitos políticos internos, que continuaram influenciando a vida política da República.

Acuado, Urquiza recorreu à força e invadiu Buenos Aires em 1859. Seu sucesso inicial teve curta duração, logo uma reação buenairense desencadearia a sua derrota. Durante o conflito, Bartolomeu Mitre, então governador de Buenos Aires, destacou-se, alavancando sua própria carreira política. Influente, Mitre mobilizou seus aliados e instigou uma série de revoltas provinciais contra o governo de Urquiza. Para os revoltosos no interior, as principais motivações eram econômicas, pois era de interesse dos produtores latifundiários o acesso aos caminhos fluviais bloqueados por Buenos Aires e os subsídios para agricultura que a província mais poderosa seria capaz de oferecer. Urquiza respondeu invadindo Buenos Aires novamente, mas, em 1861, foi derrotado de forma definitiva na Batalha de Pavón. Pressionado em diversas frentes, Urquiza se vê vencido e capitula. A Confederação desmorona, e Mitre marcha incontestado sobre Santa Fé. O processo de unificação argentina dava um passo importante, cujas consequências se fariam sentir nos dois pequenos vizinhos: o Uruguai e o Paraguai.

As circunstâncias descritas aqui impactavam as populações do Prata de muitas maneiras, expondo as sociedades provinciais aos riscos inerentes à guerra e à mobilização permanente de homens, gado e suprimentos, as famosas exigências militares (descritas por Juan Carlos Garavaglia, especialista na história das questões militares do período na Argentina), contribuindo para aumentar a incerteza que pairava sobre formas de vida precariamente estabelecidas. As exigências militares transformaram a economia rural e a solidariedade comunitária.

A MODERNIZAÇÃO DO PARAGUAI

A abertura do rio Paraná pela Confederação Argentina em 1852 teve enorme impacto no crescimento das rendas paraguaias e no financiamento de projetos industriais. Nos anos seguintes, aparentemente aumentaram não apenas a quantidade de mercadorias importadas e exportadas, como também o seu preço. Quatro produtos compunham a pauta de exportação: mate, tabaco, couros e madeiras. A esses se somaria o algodão, na primeira metade da década de 1860, provavelmente como consequência da crise gerada pela Guerra Civil Americana. Essas exportações se dirigiam a um mercado basicamente regional, a despeito dos esforços do governo para aumentar as vendas para a Europa. O Estado paraguaio monopolizava a exportação do mate e das madeiras, a partir do trabalho compulsório de soldados e camponeses. Grupos particulares também se encarregavam da coleta de mate, que era repassada ao Estado para a venda. Esses particulares eram, por sua vez, pagos com mercadorias importadas, cujo preço era sobrevalorizado devido ao monopólio estatal das importações. A abertura comercial foi importante para o Paraguai, mas também o deixou mais exposto às turbulências regionais das quais havia se isolado no período anterior.

Nessas transações, sobressaiam os contatos da família de Carlos Antonio López, que beneficiava grupos e famílias com maior proximidade aos negócios públicos e privados, que eram, dessa forma, protegidos da competição estrangeira. Particulares também tinham permissão para o comércio local dessas mercadorias, atividade que igualmente favorecia os contatos da família López, numa trama que unia o poder do Estado aos interesses privados de seus dirigentes de maneira profunda e duradoura. Lentamente, a família governante tornou-se uma grande proprietária de terras, que arrendava a particulares ou mantinha inativas para futuras operações. A acumulação de riqueza familiar seria uma das marcas da nova situação e se manteria ativa até o final da guerra, em 1870.

Em 1853, Francisco Solano López, filho do ditador, foi despachado para a Europa como ministro plenipotenciário. Aos 26 anos, López era general e ministro da Guerra do governo de seu pai, de quem era braço direito. López visitou a Inglaterra, a França, a Espanha e a Itália e o teatro de operações da Guerra da Crimeia. Tinha início uma relação longa com a firma inglesa John and Alfred Blyth, envolvendo empréstimo e assessoria técnica para projetos de modernização. Em Londres, López contratou o engenheiro escocês William K. Whytehead, que se converteria em engenheiro-chefe do Estado paraguaio até sua morte, em março de 1865. De regresso a Assunção, López trouxe cerca de 200 técnicos britânicos, que seriam posteriormente acompanhados de espanhóis, alemães e mesmo um polonês, que se envolveriam no desenvolvimento da infraestrutura nacional nos anos seguintes. Trouxe também uma amante, a irlandesa Eliza Lynch, que o acompanharia até o final da vida.

Os processos de industrialização subsequentes tiveram início a partir dessa viagem emblemática, na qual López também recebeu instrução militar, familiarizando-se com as organizações dos Exércitos francês e prussiano, e desenvolvendo amizade e admiração pelo imperador francês Napoleão III. A partir da segunda metade da década de 1850, iniciaram-se os projetos de modernização paraguaios, todos com aplicações militares. Destacam-se a construção da fundição de ferro de Ibicuí, do arsenal de Assunção, a construção de uma linha ferroviária que chegaria, no limite, até Pirayú (distante cem quilômetros da capital), a expansão da rede telegráfica, que ligaria Assunção a Vila Rica, e a construção da fortaleza de Humaitá. A fortaleza dispunha de uma linha de artilharia com cerca de 1,8 quilômetro, além de correntes que, quando levantadas, fechavam a navegação do rio Paraguai.

O historiador Mario Pastore investigou as operações econômicas que possibilitaram as iniciativas de modernização, concluindo que os resultados ficaram bastante distantes das previsões otimistas iniciais. Pastore atribuiu essa diferença ao uso de tecnologias que já estavam ultrapassadas no momento da sua implantação. A produção de ferro, que teria dado suporte a uma indústria de bens de produção, parece ter sido o calcanhar de Aquiles, tendo em vista a escassez de carvão, que acabava sendo produzido a partir da madeira, além do uso de máquinas e técnicas obsoletas na Europa.

Dessa forma, a incipiente siderurgia não foi capaz de suprir as demandas de estaleiros e arsenais, nem de prover os dormentes metálicos da estrada de ferro, gargalos que foram compensados por importações. Ainda assim, o Paraguai desenvolveu uma estrutura produtiva bem mais avançada, quando comparada àquela que havia nas províncias do norte da Argentina. Essa estrutura se mostraria importante durante o esforço de guerra, ainda que, mesmo naquele contexto, se apresentasse insuficiente para suprir as necessidades militares e as demandas da população.

Ao longo do governo de Carlos Antonio López, o Paraguai recebeu empréstimos externos para tocar os embrionários projetos de industrialização em curso. Esses recursos também foram utilizados na compra de barcos e armas. A abertura diplomática permitiu o estabelecimento de representações estrangeiras em Assunção, possibilitando ao Paraguai criar um incipiente serviço diplomático constituído por representações no Prata, nos Estados Unidos e na Europa. Se considerarmos o atraso político, econômico e tecnológico do período anterior, essas inovações produziram impacto significativo na economia. Elas demonstram que o regime de López não era infenso a investimentos estrangeiros ou contatos internacionais, apenas não tinha capacidade de captá-los em níveis mais altos, dada a pobreza da pauta de exportações da República. Também fica clara a vinculação com a Inglaterra, de onde provinham empréstimos e a maioria dos técnicos encarregados de tocar os projetos modernizadores. Sem esses técnicos, dificilmente o Paraguai teria implementado a tênue industrialização que amparou a estrutura bélica do país em meio à turbulenta conjunta externa. Pode-se argumentar que esses investimentos foram feitos sem a contratação de uma dívida externa. No entanto, as iniciativas do governo paraguaio para novos empréstimos não eliminaram a possibilidade de endividamento, um cenário que eventualmente foi impedido pelo início da guerra e pelo consequente isolamento diplomático.

A UNIFICAÇÃO ARGENTINA E O PRATA

Na Argentina, os arranjos estabelecidos até a década de 1860 falharam na tentativa de criar um consenso mínimo sobre uma união estável entre as províncias e os grupos regionais, ainda que o regime de Rosas e a Confederação que o sucedeu proporcionassem experimentos úteis de convivência entre as províncias e a capital portenha. À ideia de um Estado unitário, comandado pela capital, opunham-se correntes federalistas, mais bem definidas como confederativas, que propunham uma divisão de poder com redução substancial da influência exercida pela capital da República. Ressentiam-se, principalmente, do controle alfandegário do porto de Buenos Aires, que era contestado com mais força pelas províncias do Litoral Ocidental (conjunto de províncias banhadas pelo rio Paraná): Santa Fé, Entre Ríos e Corrientes. Buenos Aires também comandava as relações exteriores.

Uma transformação significativa nesse panorama ocorreu após a Batalha de Pavón (17 de setembro de 1861), quando o grupo Unitário, sob a liderança do portenho Bartolomeu Mitre, assumiu o poder, reafirmando a ascendência de Buenos Aires sobre o território nacional. A vitória do grupo Unitário, capitaneada pelo Partido Liberal, acelerou um processo de institucionalização, impulsionado nas províncias por uma visão hete-rogênea de fatores e pessoas, que se expressou pelo aumento de grupos de oficiais dependentes do governo nacional, pelo crescimento de juizados nacionais, pelo desenvolvimento de obras de infraestrutura e pela susten-tação financeira das províncias, cada vez mais dependentes do auxílio do governo central para sua manutenção. Também foi impulsionado pela constituição de um Exército mais bem armado e comandado do que as milícias provinciais.

Os fatores que levaram à ascensão dos liberais-unitários são objeto de diferentes versões historiográficas. Para alguns, ela decorreu de sua afinidade ideológica com estancieiros e comerciantes, orientados para o mercado internacional. Sob essa ótica, a facção rival, Federalista, tendia a ser composta por caudilhos tradicionais, cujos vínculos com o capital europeu eram mais tênues que os demonstrados pelos latifundiários li-gados ao setor nacionalista (o grupo que efetivamente unificou o país: Liberal ou Unitário). Outros afirmam que os federalistas eram, em sua maioria, comerciantes que desejavam que Buenos Aires permanecesse "uma cidade-estado", usando as províncias como mercados, uma fonte de mercadorias exportáveis ou base para o suprimento de alimentos, essencialmente como estados tributários a serem explorados ou ignora-dos conforme a conveniência. Para outros, a crescente pressão militar exercida sobre Buenos Aires pela Confederação permitiu a uma facção política relativamente autônoma do Partido Liberal ganhar ascendência sobre os interesses latifundiários, identificados com o fortalecimento no plano interno da conexão entre a província de Buenos Aires e o mercado internacional.

A despeito das diferentes interpretações para a emergência do poder unitário, esse processo se beneficiou do enfraquecimento do projeto federalista, que perdia força à medida que o progresso material do porto superava amplamente a estagnação interiorana. Foi perdendo, principalmente, lideranças de estofo nacional, já que a principal referência desse grupo, o ex-presidente Justo José de Urquiza, foi paulatinamente aceitando as regras e as práticas impostas por uma concepção unificada da Argentina. Urquiza liderara a rebelião que derrubou Juan Manuel de Rosas em 1851, tornando-se o presidente da Confederação Argentina, sediada na cidade de Paraná. Durante quase uma década, liderou o projeto confederativo na sua luta por organizar um Estado nacional descentralizado. Porém, na década de 1860, a influência nacional de Urquiza se tornou puramente nominal. Enquanto o nome do líder de Entre Ríos era evocado pela colmeia de grupos federalistas, sua ação restringiu-se ao âmbito da província de Entre Ríos, que procurou poupar das demandas excessivas dos unitários em ascensão. O comportamento de Urquiza foi seguido por outros líderes regionais federalistas, que procuraram negociar uma convivência aceitável com o poder unitário ao longo da década de 1860. Alguns conseguiram, ao preço da subordinação ao poder portenho. Outros foram simplesmente alijados ou rebelaram-se, pagando preço alto pela insubordinação.

A recomposição das forças políticas argentinas durante os anos 1860 foi sustentada pelo crescimento prolongado do setor lanífero, que levou a elite buenairense a concluir que seria possível fazer concessões aduaneiras ao Litoral Ocidental. Por meio da oferta de subsídios aos governos provinciais e da abertura de subscrição para a construção da ferrovia ligando Córdoba a Rosário, os portenhos deram continuidade ao desmantelamento do sistema de barreiras tarifárias interprovinciais iniciado por Urquiza uma década antes, diminuindo de maneira considerável o escopo dos poderes locais, cada vez mais subordinados à ordem nacionalizante em marcha. Aqueles que simultaneamente compartilhavam vínculos com o mercado internacional e almejavam uma rápida pacificação interna da República acomodaram-se ao projeto centralizador através de interesses comuns: investimentos externos, melhorias no sistema de transporte e um Estado mais forte e centralizado, que poderia redirecionar esses empreendimentos, dissuadir vizinhos rivais e estabelecer a paz social. Adicionalmente, os anos 1860 testemunharam um grau acentuado de integração das economias das quatro províncias mais ricas: Buenos Aires, Santa Fé, Entre Ríos e

Córdoba. O principal impulso para essa integração foi a enorme expansão da ovinocultura. A ampliação da economia pecuária levou os produtores de Buenos Aires a adquirir terras nas províncias de Córdoba e Santa Fé, aprofundando uma política de alianças com as oligarquias provinciais.

RESISTÊNCIAS

Contudo, os avanços do processo de construção do Estado, ainda que expressivos, mostraram-se incapazes de desarticular completamente as forças federalistas, ainda leais a suas lideranças locais. Os construtores do Estado unitário tinham tomado medidas decisivas e controlavam praticamente todos os governos provinciais, mas não tinham poder para esmagar a gama de forças que, por uma miríade de motivos, resistiu à nova ordem que se impunha na Argentina republicana. Portanto, o Estado carecia da capacidade de estabelecer diretivas sem o recurso à negociação, ainda que a força fosse utilizada com frequência, mediante a criminalização dos adversários. As implicações dessa situação para atividades como a coleta de impostos, o funcionamento do sistema judiciário e o recrutamento militar eram evidentes. O projeto de unificação dos liberais confundia-se em posturas diversas que respondiam a diferentes versões sobre qual deveria ser a relação entre o Estado e as províncias. Portanto, a construção do poder público avançava vagarosamente, misturando negociação e uso da força, apoiando-se em lideranças locais. Suas chances de sucesso encontravam-se ligadas à capacidade de dotar a República de estabilidade e continuidade (artigos até então escassos naquelas paragens platinas), convencendo os adversários das vantagens que teriam em aderir ao projeto centralizador, ou dos custos com os quais arcariam quando se opusessem ao avanço de uma ordem nacionalizante.

A unidade territorial fora proclamada, mas sua existência de fato ainda era muito precária. O localismo resistiu à interferência do poder central em questões específicas, particularmente no recrutamento de soldados entre clientes e agregados dos caudilhos regionais. Os espíritos continuaram exaltados, num estado latente de revolta e suspeita em face das intenções "mitristas", ainda que a habilidade dos federalistas de contrapor-se às demandas unitárias fosse cada vez menor. A facção unitária governava através do Partido Liberal, é certo, mas a capacidade de aplicar leis uniformes variava conforme a província e a permeabilidade de suas lideranças às autoridades centrípetas. Os seis anos de governo de Bartolomeu Mitre (1862-1868) seriam marcados por revoltas em quase todas as províncias, enquanto seus aliados no interior lutavam para desalojar os federalistas mais renitentes em emular o colaboracionismo do general Urquiza com os centralizadores portenhos. Não menos que 117 mudanças imprevistas de governos locais ocorreram no decorrer do mandato de Mitre. Durante momentos-chave, esses conflitos intraelites abriram caminho para a ação coletiva popular: as respostas do regime a essas ameaças interagiram com suas atividades diplomáticas e militares na bacia do Prata, em circunstâncias que aceleraram o processo de construção do Estado. É nesse sentido que a repressão às revoltas federalistas e aos *blancos* no Uruguai se conecta à guerra contra o Paraguai.

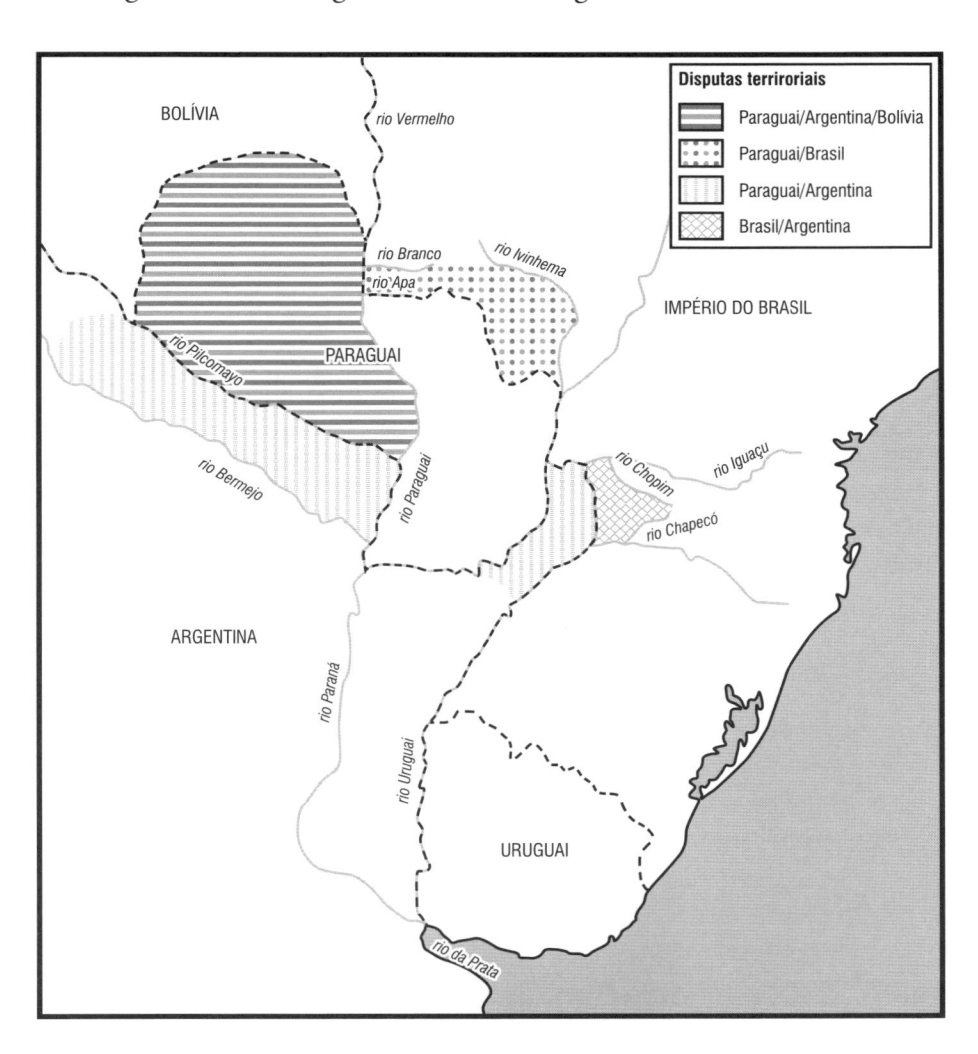

A eclosão da guerra e as invasões paraguaias

O maior desafio interno à unificação argentina veio das províncias de La Rioja e Catamarca nos anos de 1862-63, onde se formou uma coalizão antiunitária. Particularmente importante foi a habilidade do líder federalista Ángel Vicente Peñaloza (*El Chacho*) para obter suporte para a sua *montonera* (levantamento armado composto por uma liderança rural e vários seguidores que se insurgia contra os poderes estabelecidos). Esse apoio proveio não apenas dos setores populares, como também dos produtores rurais, que se sentiam ameaçados pela interferência de Buenos Aires em seus contatos comerciais com o Chile. Numa proclamação feita em março de 1863, Peñaloza repeliu os acordos de unificação, conclamando as províncias argentinas à rebelião. Ele esperava contar com o apoio do Litoral Ocidental e a adesão de Urquiza, os quais não se materializaram. Ainda assim, Peñaloza levou adiante a rebelião e, durante os oito meses de luta que se seguiram, sua *montonera* capturou a cidade de Córdoba, mantendo sua posse por duas semanas, antes de ser derrotada por uma coalizáo de unidades das guardas nacionais comandadas, respectivamente, por Domingo Faustino Sarmiento e pelos irmáos Taboada, caudilhos leais às forças liberais. Peñaloza seria assassinado a sangue frio após render-se a seus perseguidores. Em termos de repressáo, os métodos dos unitários eram táo ou mais violentos que os dos caudilhos federalistas, que supostamente representavam a luta da civilizaçáo contra a barbárie, tal como exposto do modelo produzido por Sarmiento na obra *Facundo: ou civilizaçáo e barbárie*.

A INTERVENÇÁO NO URUGUAI E O INÍCIO DA GUERRA

A revolta de Peñaloza alarmou os construtores do Estado. Os insurgentes haviam contado com o apoio chileno, numa aliança informal que apontava para a forte conexáo entre as revoltas internas e as relações transandinas. Os planos de Mitre para a Argentina sugeriam a destruiçáo das bases de apoio internacional às províncias dissidentes no interior, para evitar o colapso da precária unidade adotada em 1862. Desestabilizar o Chile estava além da capacidade dos unitários. Mas outras situações no Prata ofereciam possibilidades de sucesso. O porto de Montevidéu era uma alternativa ao de Buenos Aires, ao mesmo tempo que os *blancos* uruguaios, entáo no poder, constituíam aliados potenciais dos federalistas argentinos no Litoral e dos paraguaios. Por volta de 1859, o porto de Montevidéu tornara-se o principal escoadouro das mercadorias oriundas de Entre Ríos e Corrientes. Cerca de 50% de suas exportações de couro e 25% de charque procediam das províncias argentinas. Negociações com o Paraguai também visavam à adoçáo daquele porto como caminho para a redistribuiçáo atlântica do mate produzido naquela República. Náo causa espanto, portanto, que, simultaneamente ao despertar da revolta de Peñaloza em La Rioja, Mitre tenha dado o sinal verde para que seu aliado (e líder do partido Colorado) Venancio Flores invadisse o Uruguai, visando à derrubada do presidente Bernardo Berro (um aliado dos federalistas argentinos muito próximo do Paraguai). Flores lutara junto a Mitre nas guerras internas da Argentina. Fazia parte de um grupo de oficiais uruguaios que se alinhou aos liberais ao longo da década de 1860. Em abril de 1863, o caudilho colorado iniciou uma intervençáo contra o governo Blanco no Uruguai conhecida como a "cruzada libertadora", título que remetia ao movimento que levou à independência daquela República. Flores possuía um histórico de enfrentamento com os federalistas. O Uruguai funcionou como parte do sistema político do Prata até 1870, e a presença de oficiais originários daquela República na outra margem do rio não foi casual.

O caráter transnacional da intervenção colorada fica mais evidente quando se consideram os vínculos entre partidos e facções em ambas as margens, reforçando as conexões entre os acontecimentos. Havia estreitas relações entre os *blancos* e os federalistas, da mesma forma que os liberais de Buenos Aires viam com simpatia a ação dos *colorados* na outra borda, quando mais não fosse, devido à presença de oficiais orientais nas campanhas travadas pelos liberais de Mitre na década anterior. Ao mesmo tempo, a imprensa de Entre Ríos deu grande destaque à guerra no país vizinho, especialmente ao chamado "massacre de Paysandú", ressaltando a solidariedade com os *blancos* e criticando veladamente Urquiza por sua inação. A presença de muitos refugiados uruguaios contribuía para a indignação dos entrerrianos, cujos sentimentos antiportenhos eram antigos e persistentes. Mas a liderança política, concentrada na figura de Urquiza, não seguiu a opinião interna da província.

A situação se complicava ainda mais em virtude da presença de uma grande população brasileira, originária do Rio Grande do Sul, no Uruguai. Os brasileiros constituíam entre 10 e 20% da população e controlavam cerca de 30% das terras uruguaias. Antigas lideranças farroupilhas, como o general Antônio de Sousa Netto, faziam parte desse grupo, que possuía boas relações com as lideranças *coloradas*. No começo de década de 1860, o partido Blanco tentou instituir uma política de nacionalização progressiva das fronteiras, que afetava a situação daquele grupo, ameaçando o controle dos movimentos de seus rebanhos e escravos através da fronteira com o Rio Grande do Sul. Os *blancos* também tentaram regulamentar o trabalho de escravos que viviam nas estâncias dos brasileiros. Os *blancos* ainda rejeitaram a renovação do acordo de 1851, num desafio à posição subordinada daquela República.

Por sua parte, os brasileiros queriam a sansão extraterritorial, de forma que a lei do Império vigorasse em suas estâncias. O governo uruguaio tentou obrigar o registro dos escravos através de contratos de trabalho que deveriam ser validados pela chefatura municipal e não poderiam durar mais de 6 anos. O conflito era mais intenso nos departamentos próximos às cidades de Rivera, Santana do Livramento, Quaraí e Artigas, que ficavam localizadas perto da fronteira. Os brasileiros se queixavam de que os *blancos* lhes impunham "violências, vexames e opressões". Os representantes dos gaúchos pressionavam o governo imperial a intervir.

A posição inicial da diplomacia imperial foi no sentido de encontrar uma solução negociada com os *blancos*. Havia fortes interesses financeiros, inclusive porque o Barão de Mauá era um dos financiadores do governo no poder. Tentativas foram feitas para encontrar uma solução ajustada, se possível pela formação de um governo de fusão integrado por *blancos* e *colorados*. Experiência semelhante havia ocorrido na década de 1850, ainda que sem muito sucesso. O apoio argentino aos *colorados* foi o fator que provavelmente moveu o Império no sentido da intervenção, uma vez que ficou evidente que não haveria oposição de Buenos Aires a essa ação. A intransigência das autoridades *blancas* também contribuiu para a opção pelo uso da força, já que as propostas feitas pelos enviados do Rio de Janeiro e de Buenos Aires não foram aceitas pelas autoridades de Montevidéu.

A pressão dos dois vizinhos reforçou os contatos dos uruguaios com o Paraguai. Desde 1862, diplomatas uruguaios mantinham conversações com Carlos Antonio López, visando ao estabelecimento de uma aliança defensiva, estruturada pelo conceito de balança de poder, para se sobrepor aos liberais brasileiros. A extensa correspondência trocada com lideranças federais em Entre Ríos demonstra que os *blancos* não estavam dispostos a fazer acordos com o grupo de Flores, que certamente envolveriam a repartição do poder interno, principalmente através da formação de um ministério composto por setores moderados das duas facções. Mas Urquiza negou-se a apoiar os *blancos* em quem aparentemente não confiava. No que tange ao Paraguai, a gestão dos diplomatas uruguaios foi mais efetiva, convencendo os aliados de que a derrocada dos *blancos* acarretaria uma ameaça à integridade paraguaia. Correta, ou não, essa avaliação se fortaleceu após a morte de Carlos Antonio López, em setembro de 1862, levando os paraguaios a um envolvimento cada vez mais forte na questão uruguaia.

Quando Carlos Antonio López morreu, em 1862, foi sucedido por seu filho mais velho, Francisco Solano López. Com sua ascensão, questões de política externa e um crescente militarismo passaram a dominar a política paraguaia. Com Solano López no poder, a política externa paraguaia buscou maior inserção na região, distanciando-se do conselho de seu pai no sentido de tentar resolver os problemas externos "pela *pluma*" (caneta). López orientava-se por noções de honra e respeito que diferiam da maleabilidade utilizada pela política externa de seu pai, a qual buscou uma neutralidade maior nos assuntos externos daquela República.

Solano López herdou um país sem grandes problemas internos e dotado de um grau forte de coesão social. Foi possivelmente a consciência dessa unidade básica que levou o novo ditador a tomar as decisões desastrosas que conduziriam o país a uma guerra que destruiria sua ordem política. López havia observado as manobras do Exército francês durante sua passagem por aquele país, mas seus conhecimentos de tática e estratégia eram discutíveis naquele momento. Além disso, ao concentrar as funções de chefe de Estado e comandante em chefe (o ditador foi elevado à condição de marechal do Exército paraguaio logo após o início das operações), ficou claro que considerações pessoais, nem sempre condizentes com o conhecimento militar, teriam primazia na conduta das campanhas que se avizinhavam. O processo decisório paraguaio era concentrado na figura de López, que prescindia dos conselhos de assessores na tomada de decisões. Esse isolamento contribuiu para que a cadeia de acontecimentos que levariam à guerra se processasse sem intermediações.

A personalidade de Solano López permanece um enigma para os historiadores. Sua família era a estrutura mais próxima do padrão oligárquico, devido à mistura entre posse de terras e detenção do poder político. Tendo viajado pela Europa e pelos países do Prata em missões diplomáticas durante os anos 1850, Solano López possuía habilidades militares e diplomáticas que faziam dele um sucessor natural de seu pai. No entanto, López desenvolveu um padrão mais arrogante e centralizador para os assuntos militares e diplomáticos, que contrastava com a simplicidade brutal de seus antecessores. Ainda durante o processo de posse, López ordenou a prisão daqueles que se opunham à sua eleição. Em contraste com a diplomacia de neutralidade, esposada por seu pai, López parece ter almejado um grau maior de influência do Paraguai nos negócios platinos, incluindo a mobilização de extensas parcelas da população para finalidades militares no interior paraguaio, que precedeu o início das operações.

Apesar de todas as mudanças, a diplomacia paraguaia sob López parece ter sido governada por um desejo sincero de manter, a qualquer preço, uma fictícia balança de poder na região. Essa visão geopolítica concebia o equilíbrio do sistema como resultante da existência de dois polos igualmente fortes: um envolvendo o Brasil e a Argentina; e outro, com o Paraguai e o Uruguai. A avaliação da posição argentina naquele contexto não era muito precisa. Era notório que os jornais diários mitristas atacavam o Paraguai e seu líder. Em contrapartida, a avaliação paraguaia da situação argentina pautava-se pela noção de que os vizinhos evitariam uma guerra internacional. Essa visão continha um erro básico de avaliação, pois ela não levava em conta a própria situação europeia posterior ao Tratado de Viena. Desde 1815, a Inglaterra fazia o papel de *holder* do sistema, garantindo o equilíbrio a partir uma supremacia incontestável. Os esforços empregados por López para a resolução da Guerra Civil argentina em 1859, para a qual se ofereceu como mediador, demonstram o entendimento de que o grande inimigo da existência de um Paraguai independente seria o Império brasileiro, não uma República argentina unificada. Eventos posteriores mostrariam o equívoco dessa avaliação.

A intervenção brasileira no Uruguai, iniciada em agosto de 1864, ofendeu o presidente paraguaio: primeiro, porque López havia se oferecido para mediar a disputa no país; em seguida, devido a não terem os brasileiros levado em conta a nota paraguaia, que considerava a intervenção naquela República como *casus belli*, ou seja, uma afronta à soberania da República guarani, passível de uma resposta militar.

De fato, o governo brasileiro não levou em consideração a nota paraguaia. Isso pode ter acontecido por um erro de avaliação das elites no Rio de Janeiro, mas também decorreu da desatenção dos diplomatas sediados em Assunção, que não informaram em detalhes as movimentações naquela República desde 1863. Essas iniciativas foram percebidas pelos diplomatas francês e norte-americano, que informaram detalhadamente suas chancelarias sobre a dimensão da mobilização paraguaia, a construção de um campo de treinamento e sobre os efeitos do recrutamento em massa no decréscimo da produção agrícola e no aumento do custo de vida sofrido pelos paraguaios.

É possível que a circulação dos diplomatas brasileiros estivesse comprometida devido às suspeitas de espionagem, muito comuns no país, mas a desinformação depõe contra a qualidade dos quadros, uma vez que Assunção constituía um destino remoto e caro, desinteressante quando comparado a outros postos diplomáticos de mais relevo. Portanto, podemos pensar que o Império não estava servido dos melhores quadros num momento delicado das relações bilaterais nem se preparou contra uma retaliação imediata.

O acirramento da crise uruguaia levou López a preparar-se para a guerra. Cerca de 60 mil soldados foram recrutados, boa parte deles enviados para o campo de treinamento de Cerro León. As características dessa força de base camponesa – brutalidade, disciplina, autossuficiência, resistência, patriotismo e estoicismo em face do mais espantoso sofrimento – faziam do Exército paraguaio uma formidável força de combate.

El Semanario, jornal oficial do governo, mudou o tom utilizado a respeito da posição brasileira no Uruguai, tendo em vista preparar a opinião pública para a eventualidade de um conflito. López também encomendou armamento e munição, visando ao reforço dos estoques do país, mas estes implementos nunca chegaram ao Paraguai. López também solicitou novos empréstimos à firma Blight, justificados sob a necessidade de construir uma ferrovia até a Bolívia, mas provavelmente para sustentar a guerra que já se antecipava custosa aos cofres públicos. Esses recursos também não lhe foram concedidos. A despeito dessas iniciativas, e do treinamento ministrado aos recrutas, o Paraguai iniciaria a guerra despreparado militar e financeiramente para os enormes desafios que enfrentaria. Uma razão para esse despreparo era a ausência de conflitos externos anteriores na história da República. Sem guerras, o país não formara uma elite militar mais preparada para as questões logísticas que logo surgiriam.

O governo paraguaio preconizava o respeito ao equilíbrio de poder na bacia do Prata. O desprezo brasileiro foi visto como afronta a esse equilíbrio, só passível de ser respondida pela guerra. Nesse cálculo, o governo paraguaio contava com o apoio dos caudilhos federalistas argentinos, oligarquias dissidentes que também se opunham aos liberais de Buenos Aires. Contava, sobretudo, com a cooperação do chefe político de Entre Ríos, Justo José de Urquiza. Desde a derrota na Batalha de Pavón, o líder entrerriano distanciara-se dos federalistas, esforçando-se prioritariamente para manter a autonomia de sua província, cuja prosperidade aumentava no mesmo movimento em que a economia argentina integrava-se ao mercado internacional. Talvez a percepção do velho caudilho apontasse para a impossibilidade de os federalistas sustentarem com sucesso um projeto nacional. Urquiza havia se afastado das contendas internas da Argentina, negando o apoio aos *blancos* uruguaios, num movimento que desafiava mesmo parte da sua base de apoio local. Os debates na imprensa de Entre Ríos demonstravam a perplexidade dos seguidores e seu crescente desencanto com o líder. Por sua vez, as formas tradicionais do clientelismo local estavam mudando. A doação de terras por serviços militares dava vez a um mercado agrário cada vez mais monetizado. Com isso, a pressão sobre pequenos proprietários entrerrianos, que forneciam a base das milícias, aumentava, contribuindo para uma queda nos padrões da lealdade pessoal que marcaram o período anterior.

Talvez López imaginasse que, numa situação de fato consumado, o velho líder eventualmente apoiasse uma invasão que desequilibrasse as forças opositoras. Havia, também, por parte do líder paraguaio, uma percepção de que a resposta brasileira possivelmente não fosse dura o bastante, devido aos obstáculos geográficos que separavam os dois países e às divisões internas nas províncias brasileiras, que poderiam comprometer a operacionalidade. Além disso, a presença da escravidão no Brasil acenava com a perspectiva de revoltas internas em caso de mobilização maciça de soldados. O problema com esses cálculos é que estavam fundamentados na situação internacional anterior, não levando em conta as modificações ocorridas na região, que diminuíram as possibilidades de apoio externo aos paraguaios em caso de guerra.

As transformações associadas ao avanço da centralização e às mudanças das capacidades de cada um dos Estados levaram a grandes variações nas relações entre os governos da região e suas periferias. Essas transformações desarticularam a oposição federal na maioria das províncias argentinas, fosse através da intervenção militar proporcionada pelo Exército que se constituía, fosse por meio de negociações que atraíam as lideranças interioranas para a órbita do novo governo nacional. A diplomacia paraguaia, comandada por López, subestimou essas transformações ao acreditar que obteria a vitória num golpe de mão, levando o país para uma guerra que os paraguaios não teriam condição de vencer. Além da desvantagem demográfica, os paraguaios produziam muito menos ferro, barcos e munição que o Brasil. Para terem alguma chance de vitória, a coordenação do ataque teria que ser excepcionalmente precisa, de modo a desarticular qualquer chance de reação, estimulando os movimentos de potenciais aliados. Uma ação desse tipo, com os recursos militares que o Paraguai possuía, era impossível naquelas condições. Apesar da miopia diplomática, os primeiros movimentos paraguaios foram bem-sucedidos, inspirando a confiança da população em seu líder. Mas erros primários de condução já antecipavam o desastre que viria a seguir.

A OFENSIVA PARAGUAIA, DE DEZEMBRO DE 1864 A JUNHO DE 1865

Em protesto contra a intervenção brasileira no Uruguai, o governo paraguaio apreendeu o navio brasileiro Marquês de Olinda, que conduzia o presidente recém-nomeado da província de Mato Grosso, em novembro de 1864. O vapor fazia a linha regular entre Buenos Aires e Cuiabá. Transportava alguma munição e armamento, além da correspondência oficial regular e dinheiro para pagamentos. A decisão de aprisioná-lo, sem declaração formal de guerra, parece ter partido de um rompante de López, uma vez que o navio já havia deixado o porto de Assunção quando da sua captura, sendo aprisionado em Potrero-Poña, perto da cidade de Concepción. Foram expropriados a carga, bens pessoais, armas e dinheiro. A tripulação, incluindo o presidente designado de Mato Grosso, Carneiro de Campos, permaneceria aprisionada durante a guerra e apenas dois de seus membros sobreviveriam ao conflito. Os paraguaios alegaram perante os prisioneiros que o ultimato endereçado à chancelaria brasileira já constituía uma declaração de guerra. Entretanto, o apresamento de um navio mercante, sem que as hostilidades tivessem se iniciado, pegou as autoridades imperiais de surpresa e gerou indignação.

No final de dezembro, uma expedição fluvial paraguaia desembarcou na cidade de Coimbra, no atual Mato Grosso do Sul, iniciando a invasão daquela província. Havia contenciosos de fronteira datando do período colonial, mas o objetivo dos paraguaios parece ter sido o de obter armas e munição para fortalecer uma futura expedição até o Uruguai. A antiga província de Mato Grosso constituía um território enorme, basicamente conectado ao resto do país pelos rios. As estradas eram péssimas e ficavam imprestáveis durante a estação chuvosa. Rapidamente, a maior parte do território oeste mato-grossense caiu em mãos paraguaias, até porque não havia preparo militar prévio para resistir a uma invasão de larga escala. As populações do sul e do oeste da província fugiram para áreas mais seguras. Porém, como não havia plano de evacuação nem expectativa de invasão iminente, muito menos meios de transporte capazes de agilizar uma desocupação eficiente, essas fugas foram marcadas pela fome e pela improvisação, levando à destruição da infraestrutura produtiva e à perda de muitas vidas por inanição e doenças. Como observou o futuro Visconde de Taunay (1843-99), durante a invasão de Mato Grosso: "todos số trataram de fugir; verdade é que o exemplo fora dado por quem corria a obrigação depressa de proceder de modo bem diverso".

Muitos dos que caíram prisioneiros dos paraguaios tiveram seus bens confiscados e foram levados para o interior daquela República, na qual passaram toda a sorte de privações. Esse grupo também incluía os comerciantes estrangeiros atuando em Corumbá. Alguns poucos conseguiram trabalhar, ainda que de maneira compulsória; outros foram ajudados pelo cônsul de Portugal ou eventualmente por algum habitante mais piedoso. Entretanto, a própria situação interna do Paraguai, onde os gêneros essenciais estavam racionados, também não favorecia os prisioneiros. Os sobreviventes seriam encontrados pelas tropas invasoras em 1869, em chocante situação de penúria e privação.

A EXPEDIÇÃO A MATO GROSSO E A RETIRADA DA LAGUNA

Os contatos regulares com a capital mato-grossense, Cuiabá, foram interrompidos, posto que o rio Paraguai era a principal via de comunicação entre a administração central e a provincial. Rotas interioranas seriam estabelecidas, mas esse processo levaria muito tempo, já que a maior parte da campanha ocorreria ao longo do território da Argentina. O abandono de Mato Grosso foi objeto de muitas críticas dirigidas ao governo imperial. O precário estado de defesa da região também foi destacado por grupos de oposição e por aqueles que defendiam um investimento maior em assuntos militares. Na região, persistiram unidades das guardas nacionais de Mato Grosso e Goiás, que patrulhavam precariamente o imenso território. Os paraguaios não tomaram a capital, Cuiabá, mas a cidade permaneceu tecnicamente isolada do resto do país devido à interrupção das comunicações fluviais.

Para tentar aliviar a situação em Mato Grosso e libertar essa província, constituiu-se um corpo expedicionário, que seguiria de São Paulo. Era comandado pelo presidente nomeado de Mato Grosso, Manuel Pedro Drago, ex-chefe de polícia do Rio de Janeiro. Esse grupo era composto por soldados do Rio de Janeiro e do corpo policial de São Paulo, aos quais deveriam posteriormente se incorporar tropas de Minas Gerais, Goiás e Mato Grosso. Desde o início, o grupo foi acompanhado por cerca de 200 mulheres que seguiam na calda da coluna. Eram esposas e amantes dos soldados conhecidas como "vivandeiras", muitas vezes carregando crianças. Essas acompanhantes que cozinhavam e tratavam os soldados não recebiam salários, dependendo da atenção de seus parceiros para obterem os bens necessários. Boa parte acompanharia seus entes queridos até o final da jornada. A presença das mulheres na tropa constituía uma tradição da experiência militar brasileira, ocorrendo em diferentes teatros de operações. Muitas dessas mulheres permaneceram no anonimato da História, a despeito dos seus sacrifícios e contribuições que normalmente compõem apenas uma nota secundária nas grandes narrativas sobre o conflito.

Logo no início do trajeto, o grupo parou por cerca de dois meses em Campinas, cidade próspera do interior paulista. Naquela localidade, seu comandante e alguns oficiais usufruíram de festas, jantares e outras homenagens prestadas pelas autoridades locais por quase dois meses. Nesse ínterim, houve uma epidemia de varíola que matou 6 soldados e levou a 159 deserções. Dali, a força seguiu para Uberaba, onde recebeu reforços de Minas Gerais. Como a situação dos soldados não estava confortável, seguiram-se deserções e baixas por doenças que afetaram o moral da tropa. Minas Gerais foi uma das províncias menos colaborativas em relação ao recrutamento. Ali, as autoridades locais muitas vezes cooperaram com desertores em todas as levas, a despeito dos apelos das autoridades nacionais, que incluíram até mesmo a leitura de uma proclamação do bispo. Mas a adesão dos habitantes ao esforço militar do Império continuou pequena.

De Uberaba, após outra paralisação, a força seguiu para o sul de Mato Grosso, onde se dirigiu para Coxim. No caminho, recebeu reforços de Goiás e finalmente de índios, a maior parte dos quais provinha do grupo guaicuru, que era historicamente adversário dos paraguaios. As condições do trajeto, tanto pela falta de estradas como pelas imensas distâncias e pelas chuvas, cobrariam seu preço em vidas e deserções. As tropas e os animais foram atacados por malária, beribéri e outras doenças. Ainda em trânsito, Drago foi substituído por José Antônio da Fonseca Galvão, um general pernambucano com larga folha de serviços, que combatera a Confederação do Equador. A coluna seguiu para Miranda, já acompanhada por batedores locais indígenas. A cidade havia sido abandonada pelos paraguaios que destruíram as edificações. As péssimas condições encontradas em Miranda levaram ao aumento das doenças, que vitimaram o próprio comandante Galvão, um sexagenário cuja saúde provavelmente se ressentia dos anos de serviços.

Agora comandados pelo coronel Carlos de Morais Camisão, as tropas marcharam para Nioaque, onde temporariamente encontraram melhores condições. Dali seguiram, sem cavalos e praticamente sem suprimentos, para o território paraguaio, com o intuito de fustigar os adversários e talvez alcançar a cidade de Concepción. Com suas linhas bastante estendidas, a coluna tornou-se um alvo fácil para o inimigo. Mesmo constituindo um *front* secundário, os paraguaios dispostos no oeste mato-grossense podiam ser abastecidos através dos rios, situação que tornava mais segura sua posição. Assim, à medida que entraram no território inimigo, as tropas imperiais passaram a ser atacadas com frequência. Dada a escassez de mantimentos e sem apoio logístico, decidiu-se buscar gado numa antiga estância de López, a fazenda Laguna, na qual os comandantes brasileiros acreditavam poder se recompor. Diante da ausência de rebanhos, a falta de cavalos e armas e o péssimo estado da tropa, Camisão decidiu então ordenar o recuo que ficaria conhecido como a "Retirada da Laguna".

A marcha de volta foi constantemente fustigada pelos paraguaios, sofrendo ainda com doenças que levaram à perda de muitos soldados e suas mulheres, inclusive do comandante Camisão e do guia José Francisco López, um fazendeiro cuja família havia sido aprisionada pelas forças paraguaias e que conduzira as tropas na parte final do percurso. Ao final da longa caminhada, os soldados voltaram a Nioaque, que encontraram abandonada e destruída. A longa marcha de mais de dois anos e suas desventuras demonstraram a dificuldade de enfrentar o Paraguai pelo interior, principalmente devido aos problemas logísticos envolvidos naquela opção.

Sobre a coluna, Alfredo d'Escragnolle Taunay, um jovem participante da expedição, escreveu o clássico *A retirada da Laguna*, um épico sobre a campanha mato-grossense. Taunay descreveu os sertões visitados e seus personagens, ressaltando a natureza do interior sul-americano e seus habitantes em uma narrativa sobre os confins do Brasil que antecipa, em alguns pontos, os trabalhos de Euclides da Cunha sobre a campanha de Canudos, ou os relatórios da Coluna Prestes a respeito das vastidões territoriais e de seus personagens. A despeito do destaque dado à coragem demonstrada pelo sertanejo, Taunay não reconhecia esses personagens como cidadãos plenos, mas foi simpático aos seus sofrimentos e à tragédia dos soldados da expedição. A coluna demonstrou as dificuldades logísticas de travar a guerra pelo território brasileiro, uma situação que teria tornado muito difícil o contra-ataque ao Paraguai sem a cooperação argentina.

A GUERRA COM A ARGENTINA

Com a invasão de Mato Grosso, as forças paraguaias obtiveram munição e suprimentos essenciais ao prosseguimento da campanha nos quatro anos seguintes. No entanto, o ataque custaria tempo precioso aos invasores, uma vez que os aliados *blancos* encontravam-se isolados no Uruguai e necessitavam de reforços imediatos. Os paraguaios não tiveram condições de iniciar uma nova campanha imediatamente, talvez por estarem avaliando possíveis apoios no interior da Argentina, ao mesmo tempo que aferiam a possibilidade de transportar tropas através do território daquela República, sem com isso iniciar uma guerra numa segunda frente.

Em abril de 1865, quatro meses após o início das hostilidades, o governo paraguaio solicitou autorização do governo argentino para cruzar a província de Missiones (então sob litígio entre os dois países), na tentativa de alcançar o Uruguai a tempo de mudar o destino da guerra civil daquele país. A solicitação causou divergências entre os líderes argentinos. De Entre Ríos, Urquiza apoiou a iniciativa, mas Mitre, que não tinha interesse em envolver o país numa guerra contra o Brasil, recusou essa permissão. Os liberais argentinos apoiavam os *colorados* e pretendiam manter a neutralidade no conflito entre o Brasil e o Paraguai. A neutralidade, em princípio, reforçava a posição diplomática argentina, cuja opinião pública era contrária ao livre trânsito de tropas por seu território. No entanto, já havia navios de guerra brasileiros atuando em águas territoriais argentinas no rio Uruguai, uma posição difícil de justificar.

Após a recusa argentina, o Paraguai declarou guerra àquela República e tropas paraguaias invadiram a província de Corrientes, alcançando o Rio Grande do Sul por volta de junho. Em Corrientes, os paraguaios capturaram armamentos, dois barcos e estabeleceram um governo alternativo. O governo provincial e parte da elite fugiram. Corrientes possuía cultura e composição étnica próximas às dos paraguaios, uma vez que o guarani também era a língua de boa parte dos seus habitantes, mas a desarticulação da milícia provincial não favoreceu os interesses dos invasores. A invasão custou caro aos paraguaios que, rompendo com os argentinos, perderam importante fonte de suprimentos, especialmente de armas que poderiam chegar pelo rio Paraná. Perderam, também, parte da liderança federalista daquela República, uma vez que Urquiza aliou-se a Mitre no contexto da invasão inesperada. O Paraguai, agora, teria que travar uma guerra em duas frentes, uma tarefa complicada para um país pobre, mal armado e carente de talentos militares.

REPERCUSSÕES NO BRASIL

Com duas províncias facilmente invadidas, surpreende o baixo nível de preparação militar do Império. Não havia tropas em quantidade suficiente para repelir os invasores, apesar de a invasão paraguaia ter sido possibilidade prevista desde a década de 1850. O armamento era precário, e faltavam fortificações capazes de sustentar resistência prolongada. Os paraguaios avançaram por enormes extensões encontrando pouca resistência, já que, onde existiam, os destacamentos da Guarda Nacional não conseguiram contrapor-se aos inimigos. Nessa fase, o principal obstáculo anteposto à invasão foi a vastidão do território a ser conquistado aliado à péssima preparação militar dos comandantes paraguaios e às decisões equivocadas de López, sempre exigindo rapidez no avanço sobre o território inimigo, mesmo quando tal velocidade interferia na capacidade de suprir suas tropas. Os resultados foram fome, proliferação de doenças, confusões entre os comandantes e o baixo moral dos soldados.

As notícias sobre as hostilidades paraguaias alcançaram a capital do Império no final de dezembro de 1864, sendo dali disseminadas para o resto do país. Foram recebidas com manifestações públicas de indignação, adensadas pela circulação de jornais que amplificavam a repulsa pelas ações paraguaias, enfatizando as atrocidades cometidas pelos invasores contra a população civil e o tratamento dispensado à tripulação do Marquês de Olinda. Essas notícias, somadas aos discursos das autoridades em todas as esferas do governo, ajudavam a cristalizar nos espaços públicos de discussão a associação do governo paraguaio com a barbárie. O regime ditatorial de López, sua economia dirigida de forma centralizada e a composição racial predominantemente mestiça daquele país eram contrastados à imagem do sistema político imperial, simbolizada pela monarquia constitucional existente no Império, sua economia baseada na agricultura de exportação e suas potencialidades demográficas. Tal visão realçava a "missão civilizatória" do governo imperial e o "papel regenerador" da Guerra do Paraguai. Os brasileiros deveriam defender a "honra nacional" ultrajada, expulsando os invasores, para depois apear o ditador paraguaio e levar as "conquistas da civilização" para a República guarani.

A intensidade e a frequência das manifestações populares durante o primeiro semestre de 1865 e o espaço reservado às notícias da guerra nos jornais de todo o país demonstram a consolidação do sentimento de patriotismo. Nesse *páthos,* enraizavam-se tanto a repulsa pela invasão sem declaração de guerra quanto o senso de pertencimento a um recorte territorial cuja consolidação datava de apenas duas décadas. Sociedades patrióticas foram espontaneamente estabelecidas em todas as províncias, com coletas de donativos e organização de grupos de voluntários. Ainda que a maioria da população visse com desdém a possibilidade do serviço militar, a primeira onda do recrutamento forneceu contingente adequado para a expulsão das forças paraguaias do território do Rio Grande do Sul.

RECRUTANDO VOLUNTÁRIOS

O Paraguai possuía Exército de dimensões nacionais, recrutado segundo conscrição universal e coeso em torno da liderança de López. Os expedientes da isenção e da substituição não existiam naquela força, uma vez que ela englobava boa parte da população masculina em idade militar, incluindo membros da elite e do povo em unidades com forte espírito de corpo. A despeito da escassez de armamento moderno, os paraguaios recebiam instrução militar que fortalecia o moral, no sentido de uma atitude de combater até as últimas consequências na defesa do território. Para lutar contra essa força disciplinada, as lideranças políticas do Império brasileiro optaram pelo aumento acelerado do contingente militar disponível. Isso foi feito pela inclusão de novos segmentos mediante formas distintas de incorporação, principalmente pela generalização dos métodos de alistamento, pela ampliação das forças de primeira linha, pela designação de regimentos da Guarda Nacional e pela criação dos corpos de Voluntários da Pátria.

Recrutar para o Exército foi sempre um grande problema no Brasil imperial. O recrutamento, ainda que feito por autoridades civis, expressava o aumento da intervenção governamental e a invasão de prerrogativas locais, com a apreensão de indivíduos e seu deslocamento para outras regiões. Durante boa parte do século XIX, o recrutamento militar foi dificultado por forças locais e por um complexo sistema de isenções legais que impedia o alistamento de pessoas pertencentes a vários setores. A escassez permanente de soldados devia-se à fraqueza estrutural da burocracia e ao caráter localista da seleção dos recrutas. As condições da caserna podiam ser às vezes brutais, além do que o costume indicava que as comunidades utilizavam as levas para se verem livres de desordeiros. Mesmo considerando as exceções a essa perspectiva, parece correto dizer que o recrutamento recaía sobre aqueles indivíduos que figuravam no grupo dos pobres desprotegidos. Desocupados, imigrantes, criminosos não homicidas, órfãos e desempregados eram os principais alvos dos recrutadores.

Durante a maior parte do século XIX, o serviço militar era considerado atividade brutal e perigosa, adequado principalmente aos indivíduos vistos como socialmente indesejáveis. Esse serviço possuía implicações penais, dado o caráter disciplinar de sua ação sobre os indivíduos considerados desclassificados, apartando-os do restante da sociedade por longos períodos. Um deputado com larga experiência em assuntos militares resumiu bem a condição dos recrutas, ao enfatizar que: "a maior desgraça em todo o universo é ser um recruta no Brasil. É realmente um castigo, um soldado comum é considerado como um escravo miserável".

Por volta de 1860, o Exército de linha era pequeno e ainda sofria as consequências da desmobilização promovida durante a Regência e da competição de instituição paralela, a Guarda Nacional, cuja principal missão era subtrair indivíduos ao insidioso recrutamento. Percebendo o clima criado pela invasão paraguaia, as autoridades procuraram tirar proveito da situação engendrando estruturas que facilitassem a rápida ampliação do Exército. A criação dos corpos de Voluntários da Pátria foi parte de uma estratégia para tornar o Exército espaço aceitável para brasileiros de todas as classes, diferenciando-os, assim, do recrutamento regular para aquele corpo militar. O imperador Pedro II alistou-se como "voluntário número um", afirmando simbolicamente a igualdade entre todos os brasileiros voluntários no desejo de "vingar a afronta à honra nacional".

De fato, a mobilização dos seis primeiros meses de 1865 surpreendeu as autoridades. Afluíram voluntários de várias partes do território, chegaram donativos de diferentes grupos sociais, incluindo imóveis, dinheiro, serviços e escravos, que eram libertos sob a condição de servir. A perspectiva de uma guerra curta, que se definiria a partir de algumas batalhas decisivas, motivara a maioria dos voluntários, que partiam para o que acreditavam ser aventura breve, oportunidade de conhecer realidades distintas de suas cidades e vilas. Motivava-os também a promessa de terras, de empregos públicos e pensões, feitas aos Voluntários da Pátria. Essa mobilização teve caráter nacional, envolvendo províncias do Norte e do Nordeste, que distavam algumas vezes mais de mil quilômetros das áreas de conflito. Esses soldados eram enviados à Corte, para depois partir rumo ao Uruguai, onde continuava a guerra civil.

Entre os voluntários que se apresentaram estava a piauiense Jovita Feitosa. Alistada como se fosse um homem, sua identidade foi descoberta durante a viagem para o Rio de Janeiro. Interrogada, afirmou ter se apresentado para vingar a honra das mulheres brasileiras que sofreram maus-tratos por parte dos paraguaios. Ainda que não pudesse seguir para a frente, devido à sua condição, Jovita tornou-se uma celebridade num país ansioso por soldados. Se uma mulher se dispunha a servir, por que não outros homens? A despeito da notoriedade obtida, a recruta acabou renegada por sua família e passou a viver na capital do Império, onde a repercussão da "sua coragem" foi decrescendo à medida que o tempo passava. A história posterior dessa recruta terminaria de forma trágica, ao se suicidar no Rio de Janeiro em 1867.

FORMANDO O EXÉRCITO ARGENTINO

Na Argentina, o Exército formado para combater o Paraguai era liderado por oficiais naturais da província de Buenos Aires e por uruguaios que participaram das campanhas contra a Confederação na década anterior. Era, por assim dizer, uma força unitária e liberal, integrada por indivíduos fiéis ao governo de Mitre e ao antigo Estado rebelde de Buenos Aires. Essa força contava principalmente com soldados recrutados na província de Buenos Aires e nas congêneres do Litoral, onde havia maior apoio ao governo nacional. Houve, inicialmente, certo cuidado para que não se pressionasse regiões nas quais a causa antiparaguaia era menos evidente, de forma a não criar conflitos internos num momento essencial da mobilização. Mas esse movimento acabaria sendo relaxado ao longo da guerra, quando as necessidades de reposição de soldados levaram a uma extensão do bloco de províncias envolvidas.

Logo após a invasão de Corrientes, o líder da província de Entre Ríos, Justo José de Urquiza, declarou sua fidelidade ao governo central e iniciou o recrutamento de soldados entre seus seguidores. Urquiza ainda era a principal referência federalista e sua adesão certamente contrariou os planos de López em relação a pretensos apoios internos nas províncias argentinas. Entre Ríos possuía uma cavalaria experimentada nos combates internos e sua contribuição era avaliada como importante para o esforço nacional. Logo, entretanto, ficou claro que o apoio de Urquiza não significava a adesão de seus seguidores. Ainda em abril de 1865, centenas de soldados desertaram do acampamento de Basualdo, às margens do rio Paraná, próximo à fronteira com Corrientes. Em seguida, outra leva de deserções teve lugar no acampamento de Toledo. Os chamados "desbandes" indicaram fraturas no campo federalista que sinalizavam o enfraquecimento da liderança de Urquiza, por expressarem a repulsa dos habitantes daquela província para lutar contra os paraguaios em favor de uma causa com a qual não se identificavam. A identidade entrerriana era marcadamente antiportenha e seus habitantes preferiam os paraguaios. O governo argentino optou por não se indispor com o líder entrerriano, evitando o acirramento de conflitos internos cuja manifestação era indesejada naquele momento. A despeito da pequena contribuição de soldados, Entre Ríos seria essencial para o fornecimento de gado e cavalos aos Exércitos da Tríplice Aliança, isto é, os Exércitos de Brasil, Argentina e Uruguai, um comércio que favoreceria substancialmente os interesses privados de Urquiza, fraturando ainda mais suas bases de apoio no decorrer do conflito.

Os contingentes argentinos eram formados por voluntários, mas também por soldados "enganchados", isto é, criminosos e outros elementos recrutados à força entre os *vagos*, sem vínculos empregatícios, e os *malentretenidos*, indivíduos considerados ociosos por não apresentarem provas de possuírem uma relação de trabalho estável. Havia também *personeros*, que eram pagos para substituir pessoas legalmente convocadas. Finalmente, o Exército argentino contava com um contingente não desprezível de estrangeiros. Entre eles, havia italianos e espanhóis que àquela altura eram veteranos de campanhas anteriores. Também houve estrangeiros, como o suíço Ulrich Lopacher, que foram enganados com promessas de terras e empregos, mas acabaram nas fileiras. Tratava-se de um Exército experimentado nas guerras civis, que foi ampliado pelo concurso das guardas nacionais provinciais, vindo, ao longo do conflito, a operar um monopólio do uso da força que o transformaria numa instituição fundamental para a política argentina nas décadas seguintes.

Quanto às forças uruguaias, eram compostas basicamente por oficiais ligados ao partido Colorado, que saíra vitorioso da guerra civil uruguaia. Tratava-se de um corpo pouco expressivo, que utilizava sua participação no conflito para expressar a lealdade aos apoios externos recebidos durante a campanha contra os *blancos*. Essa força, aos poucos, foi engrossada com prisioneiros paraguaios obtidos nas vitórias iniciais contra as forças expedicionárias daquela República. O "enganchamento" de paraguaios foi denunciado por López como uma prova do caráter bárbaro da campanha movida por seus inimigos. O enganchamento de estrangeiros foi também alvo de um protesto dirigido ao imperador Napoleão III, uma vez que muitos daqueles haviam embarcado por Marselha. Ao longo do conflito, as baixas deixaram lacunas nas fileiras que logo tornariam as forças uruguaias irrelevantes para o resultado final.

Em junho de 1865, a Marinha paraguaia, comandada pelo capitão Pedro Ignacio Meza, tentou surpreender a Marinha brasileira, ancorada ao sul da cidade de Corrientes. Os paraguaios deveriam abordar e capturar os navios imperiais, reforçando a Marinha de seu país e quebrando o bloqueio naval de forma a poder auxiliar as forças invasoras, que tentavam chegar ao Rio Grande do Sul. Para ter sucesso, o ataque paraguaio deveria contar com o elemento surpresa. No entanto, avarias num dos barcos de ataque atrasaram a operação, e a falta de ganchos e de escadas de abordagem diminuiu a capacidade de abordar com sucesso os barcos imperiais. Ainda assim, os paraguaios persistiram no objetivo, e a Batalha do Riachuelo levou à derrota das forças paraguaias, à perda de três barcos e a muitas mortes entre os atacantes, incluindo o capitão Meza. Os brasileiros, comandados pelo almirante Barroso, mostraram alguma confusão ao longo da batalha. Entretanto, contando com navios de guerra, contra barcos mercantes adaptados, os brasileiros levaram a melhor, confirmando o bloqueio do rio Paraná e o crescente isolamento das forças invasoras no território argentino. A supremacia naval da Tríplice Aliança, especialmente do Brasil, foi crucial para o curso da guerra. O controle dos rios, vitais para o movimento e o abastecimento, influenciou fortemente os eventos terrestres e ajudou a determinar o resultado do conflito em favor da Tríplice Aliança. Mas a Marinha imperial também foi acusada de morosidade e incompetência, devido à demora em prosseguir rio acima, particularmente durante o período do cerco da fortaleza de Humaitá.

Combate naval do Riachuelo (1882-83), por Eduardo de Martino.
[Museu Histórico Nacional, Rio de Janeiro]

Enquanto novas forças eram reunidas no Sul, o ímpeto da invasão paraguaia aos poucos arrefeceu. Por volta de junho de 1865, as condições operacionais eram precárias, pois os soldados paraguaios encontravam-se pessimamente uniformizados, não havia casacos nem linhas regulares de suprimentos. Confiando excessivamente na diligência militar de seus soldados e na determinação para o combate, López não planejou de modo adequado o avanço pelos territórios missioneiro e correntino, nem seguiu a opinião de seu principal comandante, o general Wenceslao Robles, que recomendava avanço mais planejado. Robles, que criticou seguidamente a imprevidência da invasão, acabaria sendo fuzilado "por indisciplina" a mando do ditador, constituindo um de muitos casos de subordinados que López executaria ao longo da campanha. López não tinha o hábito de ouvir as opiniões de seus oficiais. O caráter autocrático das decisões levou a movimentos desastrosos na linha de frente. Juan Crisóstomo Centurión, um membro do círculo próximo do ditador e oficial do Exército paraguaio, relata um dos poucos momentos nos quais López ordenou que seus oficiais superiores discutissem questões relacionadas à disciplina, visando à melhora do moral e das condições físicas dos soldados. Segundo o cronista, aquelas reuniões foram marcadas pela "eloquência do silêncio", primeiro pela falta de costume de discussões coletivas; e, em seguida, pela falta de garantias àqueles que expressassem livremente suas opiniões. Os temores foram confirmados quando o capitão Alberto Calcena criticou a forma como López conduzia as operações. Outro oficial reagiu imediatamente, declarando que "López não errava". Calcena respondeu que "López era um homem como qualquer outro e, consequentemente, sujeito a erros", completando que "somente Deus era infalível". Por sua audácia, Calcena perdeu o direito a usar sua espada, uma punição leve, tendo em vista o risco embutido na crítica da liderança político-militar da República.

Do lado correntino, as tropas paraguaias comandadas pelo major Pedro Duarte foram derrotadas por Venancio Flores. Duarte solicitara, repetidas vezes, o auxílio do comandante paraguaio, que se encontrava na margem brasileira do rio Uruguai, Jose de Estigarribia, que não ofereceu o apoio requerido. Estigarribia continuou em direção ao Uruguai, chegando à Uruguaiana em julho de 1865. Ali permaneceria estacionado por dois meses, esperando por ordens de López que nunca chegaram. A vanguarda das tropas invasoras rendeu-se sem resistência ao Exército imperial em Uruguaiana, no Rio Grande do Sul, em setembro de 1865. O péssimo estado das tropas foi descrito por Juan Crisóstomo Centúrion, segundo o qual os paraguaios "já haviam dado fim às vacas e começavam a comer os cavalos".

Em Uruguaiana, o Paraguai perdeu cerca de 7 mil dos seus melhores soldados, além de armamentos e material de apoio. Os prisioneiros foram divididos entre as tropas da Aliança, alguns sendo realistados no Exército uruguaio, outros enviados para trabalhos de retaguarda no Brasil e na Argentina. Os oficiais ganharam o direito de ir para onde quisessem (desde que não voltassem ao Paraguai), recebendo meio soldo correspondente ao salário da patente no Exército brasileiro. Os soldados foram repartidos: muitos acabaram realistados ou empregados compulsoriamente em serviços de obras ou em fazendas argentinas ou brasileiras. Uma parte ainda foi incorporada às forças uruguaias ou à Legião Paraguaia, tropa de exilados que lutou junto à Aliança durante o conflito.

A assinatura do Tratado da Tríplice Aliança, em maio de 1865, praticamente selou a sorte do Paraguai na guerra. Pelo tratado secreto, os governos de Brasil, Argentina e Uruguai (agora efetivamente governado pelos *colorados*) comprometiam-se a não depor armas até a queda do ditador. As cláusulas eram draconianas: as instalações militares do Paraguai deveriam ser demolidas, seu Exército desmobilizado e os contenciosos territoriais resolvidos segundo os interesses dos membros da Aliança. Os representantes de um governo paraguaio pós-guerra não teriam voz nas negociações, e o Paraguai ainda ficava obrigado a pagar as dívidas de guerra da forma que os aliados achassem conveniente. O acordo acabaria sendo revelado pelo representante britânico no parlamento em março de 1866, expondo os aliados a críticas de vários governos vizinhos, escandalizados pelas cláusulas e pela forma como elas haviam sido negociadas. A letra do Tratado feria as declarações de que a independência do Paraguai seria respeitada, pelo menos no que diz respeito ao desmembramento de uma porção considerável do território da República. Ele provavelmente fortaleceu a postura paraguaia de não rendição, dado que os artigos pareciam inviabilizar a continuidade da existência da República como Estado independente no pós-guerra.

O Tratado, a derrota em Uruguaiana e a destruição da Marinha paraguaia na Batalha fluvial do Riachuelo isolaram os guaranis, tornando remotas as perspectivas de vitória militar. O único tipo de apoio recebido pelo Paraguai durante o restante da guerra seria simbólico, com propostas de mediação por parte dos governos do Peru, da Bolívia e dos Estados Unidos. Essas propostas, porém, não foram levadas em consideração pelos membros da Tríplice Aliança, que se ativeram às cláusulas do Tratado, principalmente devido à intransigência do governo brasileiro. Houve algum fluxo de pessoas através da fronteira boliviana, mas em razão da falta de boas estradas, aquele canal de contato permaneceu reduzido.

Dado o isolamento, seria natural que os paraguaios se rendessem, mas assim não pensou López. Esperando que os aliados se desentendessem no decorrer da campanha, o ditador ordenou o recuo de suas forças para o próprio território, contando que os paraguaios oferecessem resistência encarniçada às tropas invasoras. A então inacabada fortaleza de Humaitá era considerada também barreira quase intransponível, bloqueando os avanços da Marinha brasileira ao longo do rio Paraguai. Poucas vezes o mote "pátria ou morte", tão comum nos hinos das Repúblicas platinas, terá feito tanto sentido como na conjuntura dos anos seguintes do conflito. Humaitá estava estrategicamente postada numa curva do rio Paraguai, posição que expunha os navios ao fogo direto do inimigo. Como os aliados não contavam com informações precisas sobre o poder de fogo daquele baluarte, suas lideranças temiam que eventuais tentativas de ultrapassá-lo levassem a um desastre via afundamento ou apresamento dos navios. Assim, acordou-se uma estratégia de ataque por terra, visando ao cerco e à rendição daquela posição.

Tratado da Tríplice Aliança

O governo de Sua Majestade o Imperador do Brasil, o governo da República Argentina e o da República Oriental do Uruguai;

Os dois primeiros em guerra com o governo da República do Paraguai por lha ter este declarado de fato, e o terceiro em estado de hostilidade e vendo ameaçada a sua segurança interna pelo dito governo, o qual violou a fé pública, tratados solenes e os usos internacionais das nações civilizadas e cometeu atos injustificáveis depois de haver perturbado as relações com os seus vizinhos pelos maiores abusos e atentados;

Persuadidos que a paz, segurança e prosperidade de suas respectivas nações tornam-se impossíveis enquanto existir o atual governo do Paraguai e que é uma necessidade imperiosa, reclamada pelos mais elevados interesses, fazer desaparecer aquele governo, respeitando-se a soberania, independência e integridade territorial da República do Paraguai;

Resolveram, com esta intenção, celebrar um tratado de aliança ofensiva e defensiva e para esse fim nomearam seus plenipotenciários, a saber:

Sua Majestade o Imperador do Brasil ao Exmo. Sr. Dr. Francisco Otaviano de Almeida Rosa, do seu conselho, deputado à Assembleia Geral Legislativa e oficial da Imperial Ordem da Rosa.

S. Exa. o Presidente da República Argentina, ao Exmo. Sr. Dr. Dom Rufino de Elizalde, seu ministro e secretário de Estado dos negócios estrangeiros;

S. Exa. o Governador Provisório da República Oriental do Uruguai ao Exmo. Sr. Dom Carlos de Castro, seu ministro e secretário de Estado dos negócios estrangeiros.

Os quais, depois de terem trocado seus respectivos poderes, que foram achados em boa e devida forma, concordaram no seguinte:

Art. 1º Sua Majestade o Imperador do Brasil, a República Argentina e a República Oriental do Uruguai se unem em aliança ofensiva e defensiva na guerra promovida pelo governo do Paraguai.

Art. 2º Os aliados concorrerão com todos os meios de guerra de que possam dispor, em terra ou rios, como julgarem necessário.

Art. 3º Devendo começar as operações de guerra no território da República Argentina ou na parte do território paraguaio que é limítrofe com aquele, o comando em chefe e direção dos exércitos aliados ficam confinados ao Presidente da mesma República, general em chefe do exército argentino, brigadeiro-general D. Bartolomeu Mitre.

Embora as altas partes contratantes estejam convencidas de que não mudará o terreno das operações da guerra, todavia para salvar os direitos soberanos das três nações firmam desde já o princípio de reciprocidade para o comando em chefe, caso as ditas operações se houverem de transpassar para o território brasileiro ou oriental.

As forças marítimas dos aliados ficarão sob o imediato comando do vice-almirante Visconde de Tamandaré, comandante em chefe da esquadra de Sua Majestade o Imperador do Brasil.

As forças terrestres de Sua Majestade o Imperador do Brasil formarão um exército debaixo das imediatas ordens do seu general em chefe, brigadeiro Manuel Luís Osório.

As forças terrestres da República Oriental do Uruguai, uma divisão das forças brasileiras e outra das forças argentinas, que designarem seus respectivos chefes superiores, formarão um exército às ordens imediatas do Governador Provisório da República Oriental do Uruguai, brigadeiro-general D. Venancio Flores.

Art. 4º A ordem e economia militar dos exércitos aliados dependerão unicamente dos seus próprios chefes.

As despesas de soldo, subsistência, munições de guerra, armamento, vestuário e meios de mobilização das tropas aliadas serão feitas à custa dos respectivos Estados.

Art. 5º As altas partes contratantes prestar-se-ão mutuamente, em caso de necessidade, todos os auxílios ou elementos de guerra de que disponham, na forma que ajustarem.

Art. 6º Os aliados se comprometem solenemente a não deporem as armas senão de comum acordo, e somente depois de derrubada a autoridade do atual governo do Paraguai; bem como a não negociarem separadamente com o inimigo comum, nem celebrarem tratados de paz, trégua ou armistício, nem convenção alguma para suspender ou findar a guerra, senão de perfeito acordo entre todos.

Art. 7º Não sendo a guerra contra o povo do Paraguai e sim contra o seu governo, os aliados poderão admitir em uma legião paraguaia os cidadãos dessa nacionalidade que queiram concorrer para derrubar o dito governo e lhes darão os elementos necessários, na forma e com as condições que se ajustarem.

Art. 8º Os aliados se obrigam a respeitar a independência, a soberania e a integridade territorial da República do Paraguai. Em consequência o povo paraguaio poderá escolher o governo e instituições que lhe aprouverem, não podendo incorporar-se a nenhum dos aliados nem pedir o seu protetorado como consequência desta guerra.

Art. 9º A independência, a soberania e a integridade da República do Paraguai serão garantidas coletivamente de acordo com o artigo antecedente pelas altas partes contratantes durante o período de cinco anos.

Art. 10º Concordam entre si as altas partes contratantes que as franquezas, privilégios ou concessões que obtenham do governo do Paraguai hão de ser comuns a todos eles, gratuitamente se forem gratuitos ou com a mesma compensação ou equivalência se forem condicionais.

Art. 11º Derrubado o atual governo da República do Paraguai, os aliados farão os ajustes necessários com a autoridade que ali se constituir para assegurar a livre navegação dos rios Paraná e do Paraguai, de sorte que os regulamentos ou leis daquela República não possam estorvar, entorpecer ou onerar o trânsito e a navegação direta dos navios mercantes e de guerra dos Estados aliados, dirigindo-se para seus territórios respectivos ou para território que não pertença ao Paraguai; e tomarão as garantias convenientes para efetividade daqueles ajustes sob a base de que os regulamentos de polícia fluvial, quer para aqueles rios, quer para o rio Uruguai, serão feitos de comum acordo entre os aliados e os demais ribeirinhos, que dentro do prazo que ajustaram os ditos aliados aderirem ao convite que lhes será dirigido.

Art. 12º Os aliados reservam-se combinar entre si os meios mais próprios para garantir a paz com a República do Paraguai, depois de derrubado o governo atual.

Art. 13º Os aliados nomearão oportunamente os plenipotenciários para a celebração dos ajustes, convenções ou tratados que se tenham de fazer com o governo que se estabelecer no Paraguai.

Art. 14º Os aliados exigirão desse governo o pagamento das despesas da guerra que se viram obrigados a aceitar, bem como reparação e indenização dos danos e prejuízos às suas propriedades públicas e particulares e às pessoas de seus concidadãos sem expressa declaração de guerra; e dos danos e prejuízos verificados posteriormente com violação dos princípios que regem o direito de guerra.

A República Oriental do Uruguai exigirá também uma indenização proporcional aos danos e prejuízos que lhe causa o governo do Paraguai pela guerra em que a obriga a entrar para defender sua segurança ameaçada por aquele governo.

Art. 15º Em uma convenção especial se marcará o modo e forma de liquidar e pagar a dívida procedente das causas mencionadas.

Art. 16º. Para evitar as dissensões e guerras que trazem consigo as questões de limites fica estabelecido que os aliados exigirão do governo paraguaio que celebre com os respectivos governos tratados definitivos de limites sobre as seguintes bases:

O Império do Brasil se dividirá da República do Paraguai:

Do lado do Paraná pelo primeiro rio abaixo do Salto das Sete Quedas, que segundo recente carta de Mouchez é o Igureí, e da foz do Igureí e por ele acima a procurar suas nascentes;

Do lado da margem esquerda do Paraná pelo rio Apa desde a foz até as suas nascentes;

No interior, pelos cumes da serra de Maracaju, sendo as vertentes de leste do Brasil e as de oeste do Paraguai e tirando-se da mesma serra linhas as mais retas em direção às nascentes do Apa e do Igureí.

A República Argentina será dividida da República do Paraguai pelos rios Paraná e Paraguai a encontrar os limites com o Império do Brasil, sendo estes do lado da margem direita do rio Paraguai e Baía Negra.

Art. 17º Os aliados se garantem reciprocamente o fiel cumprimento dos convênios, ajustes e tratados que se devem celebrar com o governo que se tem de estabelecer na República do Paraguai, em virtude do que foi concordado no presente tratado de aliança, o qual ficará sempre em toda a sua força e vigor para o fim de que estas estipulações sejam respeitadas e executadas pela República do Paraguai.

Para conseguir este resultado concordam que, no caso em que uma das partes contratantes não possa obter do governo do Paraguai o cumprimento do ajustado, ou no caso em que este governo tente anular as estipulações ajustadas com os aliados, os outros empregarão ativamente seus esforços para fazê-las respeitar.

Se estes esforços forem inúteis, os aliados concorrerão com todos os seus meios para fazer efetiva a execução daquelas estipulações.

Art. 18º Este tratado se conservará secreto até que se consiga o fim principal da aliança.

Art. 19º As estipulações deste tratado, que não dependam do poder legislativo para serem ratificadas, começarão a vigorar desde que seja aprovado pelos governos respectivos, e as outras desde a troca das ratificações que terá lugar dentro do prazo de quarenta dias, contados da data do mesmo tratado, ou antes se for possível, que se fará na cidade de Buenos Aires.

Em testemunho do que, nós abaixo assinados, plenipotenciários de Sua Majestade o Imperador do Brasil, de S. Exa, o Sr. Presidente da República Argentina, e de S. Exa. O Sr. Governador Provisório da República Oriental do Uruguai, em virtude de nossos plenos poderes, assinamos o presente tratado e lhe fizemos pôr os nossos selos.

Cidade de Buenos Aires, 1º de maio do ano do nascimento do Nosso Senhor, de 1865.

(L. S.) Francisco Otaviano de Almeida Roda.

(L.S.) Rufino de Elizalde.

(L.S.) Carlos de Castro.

(Citado em SCHNEIDER, Louis. *A guerra da Tríplice Aliança contra o Paraguai*. Porto Alegre: Editora Pradense, 2009[1876], v. I, pp. 553-7.)

A invasão do Paraguai e a campanha de Humaitá

Além de constituir uma campanha árdua para todos os exércitos envolvidos, a invasão do Paraguai apresentou desafios até então inéditos nesta parte do continente, acarretando ampla mobilização das populações e um esforço nacional que, no caso paraguaio, direcionou todos os recursos produtivos daquele país para a guerra. Foi um conflito moderno, travado por sociedades agrárias dispostas a não recuar dos seus objetivos. Até então, as campanhas travadas na região, com exceção da Guerra Cisplatina, constituíram episódios rápidos, nos quais grupos de guerreiros informais travavam a guerra com base em alianças locais, em que se contava com o concurso de grupos dissidentes. As questões logísticas eram resolvidas através de recursos obtidos junto aos adversários, particularmente por meio da apropriação dos rebanhos. Os grandes deslocamentos de tropas por longas distâncias eram desconhecidos, assim como a homogeneidade dos Exércitos, que na prática se formavam nos próprios campos de batalha.

A campanha cisplatina demonstrara os riscos envolvidos na constituição de Exércitos nacionais e o perigo que constituíam para a ordem estabelecida nos polos centrais.

A sofisticação tecnológica, particularmente o emprego combinado de navios de guerra, telégrafo, balões de observação e artilharia, chocou-se, em várias ocasiões, com o despreparo dos chefes militares para o tipo de luta que se travava. A coesão do Exército paraguaio tornava a situação bastante difícil para seus adversários. A vitória nunca se definiu por uma batalha decisiva, era sempre necessário improvisar a próxima etapa. De fato, seja pela extensão do território conflagrado, seja pelo envolvimento de uma articulação diplomática inédita entre alguns Estados (e não entre um Estado e uma facção, como ocorria anteriormente), seja ainda pela demora em neutralizar o potencial defensivo do Paraguai, a política da guerra adquiriu uma dimensão desgastante para os governos da Aliança, que precisavam buscar recursos suplementares junto aos grupos influentes de suas respectivas sociedades ou mediante empréstimos.

A campanha contra o Paraguai diferia em vários aspectos dos demais conflitos platinos nos quais as forças brasileiras haviam se envolvido ao longo do século XIX. Ainda que as autoridades brasileiras esperassem uma guerra contra aquela República em algum momento no futuro, foram pegas de surpresa pela escala da invasão. Uma característica era o total desconhecimento da topografia paraguaia e do próprio espaço interior dos países da Aliança. Várias crônicas militares chamaram a atenção para esse problema, que derivava da própria dificuldade imposta pelos governos daqueles países ao livre trânsito de estrangeiros. Assim, logo após a invasão do território paraguaio, as forças de terra tiveram que tatear o terreno, o que retardou o desfecho de um conflito que, naquela altura, mostrava enorme disparidade de forças entre o Paraguai e seus adversários.

Uma segunda característica dessa campanha relaciona-se aos problemas gerados pelo abastecimento: a velocidade dos deslocamentos era bastante lenta e o território acessado era despovoado, tornando impossível resolver os problemas de suprimento das tropas através dos meios convencionais, como o saque e a pilhagem. De maneira ocasional, as tropas da Aliança expropriaram algum gado, originalmente destinado ao suprimento dos paraguaios. No caso das operações no sul do Paraguai, a situação se agravava ainda mais pela impossibilidade de contar com a colaboração da população local. Além de não haver dissensão relevante entre os paraguaios, eles recuavam com as forças de López, deixando a terra devastada à ocupação das forças da Tríplice Aliança.

Outro problema era a tenacidade da resistência oferecida pelo soldado paraguaio. A despeito de algumas deserções, as tropas de López raramente se rendiam, mesmo quando cercadas. O explorador inglês Richard Burton impressionou-se com essa postura, que definiu como "a tenacidade teimosa de uma Esparta pele-vermelha". A despeito da situação adversa, o Exército paraguaio manteve a coesão e a obediência ao seu comandante, e a maioria dos civis seguiu as instruções do governo, não sem alguma hesitação. O patriotismo era um elemento forte naquela República, na medida em que o Estado centralizado prosseguiu construindo capacidade militar através de registros, censos, supervisão agrária e um grau aceitável de instrução que ajudaram a galvanizar a população em defesa do seu território. Dessa forma, juízes de paz subordinados ao vice-presidente Domingo Francisco Sánchez executavam as ordens numa rede de autoridades que controlavam os homens, cada vez mais jovens, designados para o *front*, assim como coordenavam as contribuições das famílias na retaguarda. Os dissidentes foram severamente punidos durante o período, uma vez que López reagia com brutalidade aos mínimos sinais de insubordinação.

Uma vez que era impossível receber ajuda local, os Exércitos invasores tiveram que se adequar, na prática, às características de um conflito que os ensinava, dolorosamente, a serem eficientes. Sem apoio naval efetivo, a invasão do Paraguai, que teve início em agosto de 1866, tornou-se campanha penosa. Sem mapas confiáveis ou cartas hidrográficas, desconhecendo o terreno e sem oportunidades de reabastecimento a partir dos recursos locais, as tropas tiveram que improvisar a cada passo. Dionísio Cerqueira, que servia como Voluntário da Pátria e tornou-se posteriormente cronista do conflito, descreveu a situação difícil das forças invasoras, afirmando que, nos pântanos do Paraguai, "a guerra não alimentava a guerra". De Paris, o geógrafo e jornalista Élisée Reclus chegou a conclusões semelhantes, observando que: "Quanto ao país [Paraguai], ele não oferece nenhum recurso, tudo foi devastado pelos próprios paraguaios, que derrubaram até palhoças, demoliram até capelas de aldeias; todo o território que se estende ao sul do rio Tebicuary virou uma vasta solidão." Essa precariedade, particularmente forte no que dizia respeito ao suprimento, deixava as tropas da Aliança dependentes dos comerciantes, que cobravam preços extorsivos pelos gêneros enviados. Ainda assim, os primeiros passos no Paraguai foram positivos, acalentando as esperanças de uma conclusão breve do conflito. As forças aliadas cruzaram o rio Paraná e rapidamente ocuparam o Passo da Pátria, posto avançado de López, avançando até Tuiuti, onde se formou um grande acampamento. O terreno era marcado por pântanos e rios, que tornavam difícil o avanço. Além disso, a região não contava com pastos adequados para a alimentação dos animais. O grande morticínio de cavalos e bois comprometia não apenas a alimentação, mas também a mobilidade do equipamento, especialmente os canhões. Picadas foram construídas para facilitar o transporte terrestre, mas essa atividade cansativa também consumiu as energias dos soldados, obrigados a despender horas em trabalhos pesados.

Do lado paraguaio, ainda que numa posição defensiva, a situação também era difícil. Os cerca de 25 mil soldados dormiam muitas vezes ao relento ou em choças e buracos construídos de forma improvisada. Os uniformes escasseavam devido à impossibilidade de importar algodão e ao estado primitivo das manufaturas paraguaias, que, a despeito da criatividade na reciclagem de materiais e na utilização de fibras locais, não conseguiam produzir o volume necessário. Além disso, faltava comida. O esforço de recrutamento de praticamente toda a população masculina privara a agricultura de braços. Ainda que os militares tivessem prioridade no recebimento de alimentos, as rações eram pequenas e mal balanceadas. Depois de décadas de ameaças vindas principalmente das províncias argentinas, e da memória das expedições dos bandeirantes, o camponês paraguaio via a luta como "uma cruzada de preservação nacional". Os soldados paraguaios despenderam enormes energias cavando trincheiras para proteger as posições defensivas de seu Exército, um esforço que contribuiu para o enfraquecimento físico daqueles combatentes e expôs os soldados a epidemias e a outras doenças, como o escorbuto e a cólera, que cobraram seu preço em vidas. A situação era agravada pela falta de equipamento médico e de pessoal especializado. Os médicos ingleses a serviço de López formaram vários práticos, mas não em volume suficiente para dar conta de uma situação tão difícil. Novamente, o Exército guarani era vítima do péssimo planejamento da campanha, mesmo lutando em solo nacional. Nesse sentido, as mulheres paraguaias presentes nos acampamentos cumpriram um papel fundamental como substitutas de um inexistente serviço de intendência.

Campanhas anfíbias como a do Mississipi, durante a Guerra Civil Americana, conjugaram o uso da Marinha com forças de terra. Sua execução demonstrara a dificuldade de operar contra posições defensivas bem estabelecidas. No caso da União norte-americana, o uso de equipamento apropriado e a sincronização entre as forças navais e os Exércitos comandados pelo general Ulysses S. Grant resultaram em vitórias militares espetaculares que, em cerca de dois anos, permitiram o controle do principal rio dos Estados Unidos e a divisão em dois da Confederação. Já a Marinha imperial, apesar de dominar o rio Paraguai, sofria a falta de navios especializados em manobras naquele tipo de águas. Além disso, a liderança daquela força era ultrapassada, e a hierarquia obstaculizava a capacidade dos quadros mais jovens de fazer valer sua *expertise* nas condições particulares de um conflito desafiador.

A fortaleza de Humaitá controlava o alto Paraguai, vedando o acesso a Assunção. Além da artilharia, a fortaleza possuía correntes que bloqueavam a passagem do rio. Sua posição privilegiada apontava para uma campanha difícil e custosa em tempo e vidas. Mesmo antes de invadir o território paraguaio, as forças da vanguarda da Aliança constantemente trocaram tiros com patrulhas daquela República, que atravessavam o rio para fustigar os soldados inimigos e obter algum butim. Se essa ação levou a um desperdício inútil de vidas paraguaias, ela também contribuiu para um clima de incerteza quanto ao que as forças da Aliança encontrariam ao entrar em território inimigo. Logo, entretanto, os primeiros contingentes começariam a desembarcar na outra margem do rio. Tiveram a sorte de não serem repelidos no desembarque e foram ocupando espaço.

Inicialmente, as forças da Aliança buscaram uma aproximação à fortaleza, no intuito de tentar um ataque frontal, com o apoio naval. Mas a Marinha imperial hesitava em realizar um ataque direto devido ao desconhecimento dos rios, circunstância que ameaçava com o possível encalhamento dos barcos e sua provável abordagem por forças de terra. O temor de perder a supremacia naval era preocupação que ia além da conjuntura imediata, envolvendo o receio do enfraquecimento da autoridade imperial em toda a região em caso de aniquilamento da força naval. A inação da Marinha imperial foi alvo de críticas durante todo o conflito, uma vez que os comandantes navais contavam com o avanço do Exército para movimentarem seus barcos. Durante boa parte das operações iniciais, o almirante, Visconde de Tamandaré, permaneceu inexplicavelmente em

Buenos Aires, enquanto a Marinha não fustigava as forças paraguaias que atravessavam o rio de volta ao seu território, possibilitando seu reagrupamento e perdendo uma oportunidade excelente de destroçar o Exército inimigo em retirada, quando sua posição era mais frágil.

Os paraguaios, a princípio, tentaram repelir os invasores através de um ataque frontal. A Batalha de Tuiuti, em 24 de maio de 1866, constituiu uma tentativa de desalojar as tropas da Aliança de seu principal acampamento. A iniciativa paraguaia buscava surpreender os inimigos com um ataque maciço nas primeiras horas da manhã. Nas condições militares em que se encontrava, a decisão de López pelo ataque não constituía a opção mais adequada, dada a disparidade de forças, além das características do terreno, ora lamacento, ora arenoso. Mas López parece ter mantido postura voluntarista, na qual entendia que o arrojo de seus soldados constituiria condição suficiente para a vitória. Ademais, o ditador não utilizou reservas, que poderiam ter sido empregadas em apoio a pontos mais difíceis do ataque. Por fim, os oficiais superiores do Exército paraguaio, sempre subservientes a seu líder, hesitavam em agir de forma independente, temendo represálias em caso de derrota. Assim, durante cinco horas, os paraguaios persistiram em avançar contra as forças mais bem armadas da Aliança, resultando em muitas baixas, que acarretaram a perda de soldados experientes, cavalos e armas. A atuação dos paraguaios não foi suficiente para definir o resultado em campo aberto. Além disso, as tropas da Aliança também demonstraram perseverança sob fogo. Dessa forma, aproveitando-se das deficiências do comando paraguaio, que insistiu em enfrentar os aliados em campo aberto, foi possível destruir recursos militares irrecuperáveis. Ainda assim, os paraguaios, em retirada, não foram perseguidos, permitindo a López o tempo necessário para fortalecer seu Exército, entrincheirando-se ainda mais na linha defensiva que ficaria conhecida como Quadrilátero. Tuiuti é, ainda hoje, a maior batalha campal entre Exércitos regulares da América do Sul.

A ação mais relevante, a seguir, foi a tomada das trincheiras de Curuzú, em setembro de 1866, após forte bombardeio da esquadra. Os aliados seguiam avançando a despeito dos problemas logísticos colocados pela estação chuvosa. Durante esse combate, a esquadra brasileira perdeu o único navio por ação do inimigo: vítima de uma mina, o Rio de Janeiro, que afundou rapidamente. Furioso com o que considerou um ato de covardia dos seus comandados, López executou vários soldados. Para o ditador, não era aceitável que seus subordinados recuassem sem ordens superiores. As execuções deveriam servir de exemplo para batalhas futuras.

Todas as forças em operações contra o Paraguai se encontravam sob o comando de Bartolomeu Mitre. Muitos oficiais brasileiros ressentiam-se dessa hierarquia, uma vez que a força imperial era maior e mais bem armada. Além disso, antigos ressentimentos entre brasileiros e argentinos contribuíam para um desconforto que, senão expresso abertamente, era manifestado nas cartas que estes oficiais enviavam do *front*. O Exército brasileiro também se encontrava dividido por disputas políticas entre liberais e conservadores, que expressavam a dificuldade daquela força em construir um espírito de corpo autônomo e corporativo. É que muitos dos oficiais superiores vinham de forças da Guarda Nacional, nas quais a lealdade aos partidos imperava sobre outros vínculos. Essa divisão também expressava a dificuldade para enquadrar as forças provenientes do Rio Grande do Sul numa estrutura militar centralizada. Além disso, no seio da tropa havia divisões entre os voluntários e aqueles recrutados à força. Esses problemas eram potencializados por atrasos no pagamento dos soldos, comida de baixa qualidade e provisão irregular de uniformes e material militar, que descontentavam os soldados.

A cristalização de uma identidade de combate entre as forças da Tríplice Aliança foi um processo lento, que envolveu a convivência dos diferentes corpos nos acampamentos em circunstâncias difíceis devido às péssimas condições sanitárias destes. As tropas sofriam com a alimentação deficiente e com condições insalubres, que envolviam, muitas vezes, o consumo de água imprópria dada a proximidade com as fossas sanitárias e as covas onde eram enterrados os mortos. Não espanta, portanto, que grande parte das baixas tenha ocorrido não em função dos combates, mas em virtude de epidemias e diarreias, que dizimaram milhares de soldados. Impressiona que cerca de um terço do contingente tenha ficado permanentemente internado nos hospitais. Se as técnicas cirúrgicas da época eram ainda precárias, particularmente a assepsia era uma questão crítica nos hospitais de campanha, a despeito do esforço de médicos e enfermeiros. A falta de enfermeiras formadas também contribuía para o estado crítico dos hospitais, uma vez que muitos dos que desempenhavam essa função eram soldados despreparados (e as mulheres que seguiam seus companheiros), destacados para esse trabalho. Desse modo, amputações e gangrenas eram constantes entre os soldados feridos em combate, assim como as epidemias grassaram entre tropas recrutadas majoritariamente entre jovens provenientes do meio rural, muitos dos quais não vacinados contra a varíola.

UMA TENTATIVA DE PAZ:
O ENCONTRO DE YATAYTÍ-CORÁ

Na impossibilidade de vencer o conflito militarmente, Solano López apostou na divisão entre os aliados, solicitando a Mitre um encontro para discutir as possibilidades de paz. Esse encontro ocorreu em Yataytí-Corá, onde estiveram presentes Mitre, Flores e oficiais dos Exércitos em operações, com exceção dos brasileiros. O objetivo do paraguaio era obter um acordo de paz em separado com os argentinos, que pudesse romper o Tratado, naquele momento já conhecido de todos os contendores. Do ponto de vista paraguaio, a impossibilidade de cumprimento dos objetivos iniciais condicionava suas esperanças a um eventual armistício, que permitisse ao governo de López manter a integridade territorial e a autonomia política, baseada na preservação de sua capacidade militar.

Na conversa, o presidente paraguaio continuou evidenciando sua subestimação da capacidade do Exército brasileiro, uma avaliação que vinha desde o início da campanha e que se mostraria um equívoco. Havia boa vontade do presidente argentino, mas López continuou irredutível quanto a abdicar do poder. Sem esse trunfo, pouco poderia ser feito para descolar os argentinos da Aliança, de forma a manter apenas o Brasil nos combates. Durante a reunião, López se declarou arrependido da invasão ao país vizinho, uma postura que fazia todo sentido, dados os erros de avaliação cometidos pelo ditador paraguaio.

A despeito do fracasso das conversações, a reunião poderia ter servido como um ponto de partida para tentativas de armistício posteriores. Mas eventos futuros tornariam essa solução cada vez mais difícil. Além disso, a participação do presidente argentino não agradou as autoridades brasileiras, dadas as desconfianças que existiam entre os dois países. O resultado da reunião confirmou que o compromisso de Mitre com a Aliança persistia, a despeito da crescente oposição interna a suas ações, particularmente forte no que tocava à aliança com o Brasil. A província fronteiriça de Corrientes, base de operações das forças brasileiras, esteve sob o domínio paraguaio durante mais de seis meses. O antagonismo correntino em relação aos interesses portenhos e o temor enraizado da penetração brasileira na região eram fatores que inibiam a cooperação imediata daquelas populações, que mantinham uma identidade marcadamente regional em oposição à perspectiva nacional que se ampliava naquele momento. A situação, portanto, era delicada na retaguarda imediata.

Alguns historiadores também aventam que a reunião teria sido promovida para dar tempo aos paraguaios de reforçar suas posições defensivas, bastante expostas após a perda de Curuzú. Não se trata de um raciocínio absurdo, levando em conta que simultaneamente os paraguaios, sob o comando do engenheiro inglês George Thompson, trabalhavam de maneira incessante para defender a posição de Curupaiti, que lhes proporcionaria a principal vitória militar de todo o conflito.

CURUPAITI E A PARALISAÇÃO DAS OPERAÇÕES

Em 22 de setembro de 1866, tropas paraguaias estacionadas nas trincheiras de Curupaiti rechaçaram com sucesso o ataque combinado da frota imperial e dos Exércitos da Tríplice Aliança. Comandada pelo almirante Tamandaré, a frota havia bombardeado aquele conjunto de trincheiras fortificadas por dois dias, ação que foi insuficiente para danificá-las. Ao avançarem sobre as posições paraguaias, as tropas invasoras encontraram duas linhas fortificadas, foi impossível transpor. Essa derrota, que custou aos aliados cerca de 4 mil baixas, paralisou a campanha para a tomada da fortaleza de Humaitá. Entre os mortos estavam o filho do futuro presidente argentino, Domingo Sarmiento, e do vice-presidente, Marcos Paz.

Depois da Batalha de Curupaiti (1893), por Cándido López.
[Museo Nacional de Bellas Artes, Buenos Aires]

A paralisação das tropas aliadas demonstrou o quão era frágil a capacidade dessa força para suportar reveses. A campanha, que desde Uruguaiana só apresentara resultados positivos, passou a ser duramente criticada pela morosidade. E o pior de tudo é que, além do aumento das despesas governamentais com as tropas imobilizadas, nenhum indício concreto de vitória podia ser demonstrado. Da perspectiva da estabilidade política no Prata, a paralisação das operações constituía uma solução razoável, já que a capacidade ofensiva dos paraguaios havia sido destruída e o suprimento de tropas entre os aliados encontrava-se comprometido pela impopularidade da guerra.

Do ponto de vista paraguaio, a impossibilidade de cumprimento dos objetivos iniciais condicionava suas esperanças a um eventual armistício, que permitisse ao governo de López manter a integridade do território e a autossuficiência política. Nessas condições, os paraguaios venceriam a guerra ao não perdê-la, levando as forças aliancistas ao esgotamento pelo cansaço. A possibilidade de um armistício era nada desprezível durante o tempo em que os paraguaios conseguiram manter a fortaleza de Humaitá e o controle do rio Paraguai. No entanto, Pedro II valorizava o cumprimento do Tratado como uma questão de honra da monarquia brasileira, contribuindo acentuadamente para o desgaste político decorrente dessa decisão. O artigo 6º do Tratado da Tríplice Aliança apontava que os aliados não deveriam paralisar o conflito antes de depor o governo de López. A decisão do imperador deve ser avaliada levando-se em conta o histórico dos sucessivos conflitos enfrentados pelo Império no Prata, no sentido de constituir uma afirmação de poder que não abrisse brecha para futuras contestações do *status quo* brasileiro na região.

Instabilidade e crise na Argentina

A eclosão de uma sublevação nas províncias argentinas comprometeu ainda mais a posição das forças aliadas. A Revolta dos Colorados teve início em outubro de 1866, tendo como pano de fundo o levantamento de tropas arregimentadas para marchar em direção ao Paraguai. A revolta, que começou em Mendoza, contou com a adesão dos guardas nacionais, encarregados de manter em cárcere um grupo híbrido de prisioneiros, incluindo criminosos comuns, mas também muitos soldados e líderes federais, recrutados à força. Apesar da tendência a ataques a prisões, um movimento comum entre os desertores no Brasil no mesmo período, o movimento ganharia corpo com revoltas simultâneas em Catamarca, Córdoba, Mendoza, San Juan e San Luis, evoluindo para uma sublevação de grandes proporções que obrigou o presidente Mitre a voltar com cinco mil soldados para debelar os federais.

O líder da rebelião, Felipe Varela, denunciou a guerra contra o Paraguai como "fratricida", um conflito tramado por Buenos Aires contra o povo guarani. Ao associar a guerra ao esforço de centralização, Varela expressava o desejo de maior autonomia provincial, um lema caro aos federalistas mais renitentes, que se recusavam à subordinação ao governo nacional constituído em 1862. Numa famosa proclamação, Varela declarou: "Ser portenho é ser cidadão exclusivista; ser provinciano é ser mendigo sem pátria, sem liberdade, sem direitos."

Durante um ano, os sublevados ameaçaram o controle governamental sobre a região, esperando, assim como os paraguaios, que Urquiza viesse em seu socorro. A despeito das vitórias iniciais, os revoltosos seriam derrotados na Batalha de Pozo de Vargas. O Exército argentino, formado para a luta contra o Paraguai, tornara-se um pilar incontestável do poder central e sua capacidade militar superava amplamente o poder das forças federais, normalmente constituídas por caudilhos e seus seguidores.

Em março de 1867, ocorreram as primeiras vitórias do governo central. Em San Luis, os liberais sairiam vitoriosos na Batalha de San Ignacio, durante a qual o general Arredondo destruiu a força comandada pelo general federalista Juan Saá, que, sem outra opção, fugiu para o Chile com os poucos homens que ainda lhe restavam. No mês seguinte, viria a derradeira derrota dos *colorados* em Cuyo. Marchando em direção a La Rioja, um contingente de soldados vindos do Paraguai, liderado pelo general e líder político Antonio Taboada, derrotou as forças que formavam o coração da rebelião: os gaúchos de Felipe Varela. A vitória dos liberais na sangrenta Batalha de Pozo de Vargas acabaria se tornando um símbolo do governo central no processo de construção do Estado nacional. Aturdidos com a vitória de Taboada, Varela e seus homens ainda vagariam em direção a Salta e Jujuy, fugindo e realizando pequenas ações de guerrilha no caminho até a Bolívia, onde Varela buscava adquirir apoios e reorganizar suas fileiras.

A última revolta federal de grandes proporções havia fracassado um ano após o seu início. Apesar de algumas vitórias locais, como a deposição do governador de Mendoza, os federalistas davam sinais de que estavam próximos dos seus últimos suspiros, com a exceção do bastião de Entre Ríos, onde um moderado Urquiza seguia controlando a situação.

A impopularidade da guerra junto aos federalistas resultava de análises objetivas a respeito das formas como o conflito externo aprofundava a imposição da política liberal sobre o resto do país. Esses argumentos eram divulgados para a opinião pública através de jornais alinhados às ideias dos líderes federais. Mesmo os analfabetos recebiam essas informações, que eram lidas em público, ou debatidas nas pulperias e cafés. A impopularidade da campanha no interior argentino encontrava no recrutamento forçado dos opositores uma questão central do novo processo de militarização da sociedade, fundamentado na crescente monopolização da violência pelo Estado, ampliando o ressentimento contra os governantes de Buenos Aires diante da concentração de recursos políticos, judiciais e aduaneiros imposta pela unificação nacional.

A derrota militar dessas forças rebeldes neutralizou o poder autônomo dos últimos caudilhos federalistas, um movimento que seria ampliado pelo assassinato de Urquiza em 1870, perpetrado por ex-aliados provinciais, que seriam seguidamente derrotados pelo Exército nacional ao longo dos seis anos seguintes.

A partir daquele momento, o apoio argentino ao esforço de guerra contra o Paraguai seria mais moral do que prático, partindo principalmente do governo unitário/liberal em Buenos Aires, não das províncias. Ainda assim, tratava-se de apoio fundamental, pois as províncias do nordeste argentino ofereceram a retaguarda para os hospitais de campanha e para os depósitos de armas e munições. Além disso, foi através do território argentino que prosseguiu o abastecimento dos Exércitos em operações.

PERPLEXIDADE E INCERTEZA

A derrota inesperada das forças aliadas em Curupaiti deixou perplexo o comando militar brasileiro, que já vinha dividido em polarizações políticas e disputas por espaços internos entre seus principais líderes. Políticos e oficiais lentamente entenderam que enfrentavam um inimigo unido e um Exército coeso que, apesar de suas limitações, era muito disciplinado e leal ao seu governo. Agora que os paraguaios lutavam para defender seu país, eles ofereciam uma resistência muito mais determinada do que os brasileiros haviam enfrentado diante de qualquer outro oponente no Prata.

Aos poucos, o estado de espírito foi mudando no Império. A campanha mostrava-se longa e difícil. A morosidade das operações, os sérios problemas de infraestrutura, o grande número de baixas por doenças, o desamparo das famílias dos soldados e a necessidade de ampliação dos contingentes foram tornando a adesão à causa cada vez menos atraente.

A reação inicial foi aquilo que um contemporâneo denominou "resistência da inércia", ou seja, o aumento do número de justificativas para as isenções e a diminuição do contingente voluntário. Várias categorias profissionais estavam automaticamente isentas do recrutamento militar: funcionários públicos, trabalhadores das estradas de ferro, empregados de casas comerciais, homens legalmente casados, tropeiros e feitores, entre outros. A tendência, portanto, foi o recrutamento atingir principalmente os segmentos pobres de trabalhadores, que não contavam com a proteção dos chefes locais. Já no começo da guerra, cerca de 30% dos contingentes recrutados não chegavam ao campo de batalha. O prosseguimento da campanha em território estrangeiro, porém, deteriorou rapidamente a disposição inicial, aumentando as taxas de deserção e isenção e comprometendo seriamente o esforço imperial.

Na segunda metade de 1866, o recrutamento chegava a um limite. O sistema tradicional, no qual lideranças locais encaminhavam agregados, dissolveu-se. Os corpos designados da Guarda Nacional também se recusavam, cada vez com mais consistência, a seguir para o *front*. Movia-os, provavelmente, as notícias vindas dos campos de batalha, as listas com os nomes dos mortos e os relatos sobre a desorganização e as péssimas condições nos acampamentos. Além disso, os paraguaios já se encontravam apenas em Mato Grosso, uma província distante das áreas mais populosas do território. Nesse contexto, e levando em conta a ameaça do recrutamento forçado, muitos homens se esconderam nas matas ou buscaram refúgio com algum protetor que tivesse prestígio suficiente para eximi-los daquele sacrifício. Em algumas províncias, o recrutamento de homens livres e pobres já começava a interferir na produção: os fazendeiros e os chefes locais queriam preservar a força de trabalho e pararam de contribuir como haviam feito na fase anterior.

Analisando a documentação oficial e os jornais da época, percebe-se o quanto o esforço de recrutamento para o conflito promoveu tensão nas estruturas sociais locais. A situação relatada nas fontes é dramática: fugas, brigas, agressões, ataques às escoltas e cadeias, mutilações, casamentos relâmpagos, choques entre poderes e grupos políticos locais, preocupação com a designação de trabalhadores para a guerra, entre outros elementos, expunham as dificuldades apresentadas pela mobilização e o temor das autoridades regionais de que ela resultasse em invasão irreversível do governo imperial nos negócios das localidades. Esses conflitos não eram novidade, dado o desprestígio do recrutamento. O que mudou foi a dimensão da insatisfação, já que várias províncias estavam envolvidas no esforço.

Às fugas em massa, sobrevieram ataques a escoltas e cadeias, num movimento que comprometia a autoridade imperial no momento em que aquela enfrentava situação delicada no *front*. Para muitos habitantes do interior, as forças recrutadoras passaram a representar o verdadeiro invasor, por interferir em prerrogativas locais e modos de vida. Fugas, ataques e pequenas rebeliões levaram ao aumento da criminalidade, através da ação de bandos de foragidos que sobreviviam assaltando pessoas e propriedades. Em alguns casos, como o ocorrido no município de Viana, no Maranhão, os desertores associaram-se a escravos aquilombados, levantando-se contra os proprietários numa insurreição que aterrorizou as autoridades e parte da população. A possibilidade de um levante de escravos era o maior pesadelo das autoridades. Ainda que o movimento de Viana tenha durado apenas alguns poucos dias, ele serviu como um alerta dos perigos inerentes às áreas mais densamente povoadas por escravizados.

A situação se tornava mais grave porque, devido à precariedade da estrutura de comando, o governo continuava dependendo da ajuda dos chefes para o alojamento e o transporte dos recrutas. A cooperação local foi abalada, à medida que um número cada vez maior de trabalhadores, normalmente isentos, foi sendo recrutado, afetando a posição da Guarda Nacional como santuário. Se a intenção inicial era transformar o Exército, pelo voluntariado, em espaço mais digno, a massificação operada pelo re-crutamento teve efeito muito diferente do esperado, impactando a posição dos trabalhadores pobres e livres, que viam crescentemente seu *status* igua-lado ao dos demais recrutas, considerados "a ralé". Impactava, também, o prestígio de muitos chefes locais, incapazes de assegurar a isenção de seus protegidos, situação que os enfraquecia na disputa com adversários.

Complicações decorrentes do forte grau de politização do recru-tamento foram constantes, já que, em tempos de escassez, foi comum alistar adversários políticos. Essa estratégia tornava-se dramática durante o período das eleições, quando a competição eleitoral podia facilmente evoluir para distúrbios armados entre as facções políticas de cada locali-dade. Num caso extremo, levou ao adiamento das eleições provinciais no Rio Grande do Sul, para evitar que as rivalidades entre as facções com-prometessem ainda mais o já precário estado do recrutamento naquela província estratégica. A província permaneceria sem eleições até 1869.

As rivalidades políticas levavam à descontinuidade administrativa, com a remoção dos comandantes e a redistribuição dos regimentos, encorajando novas deserções; ampliavam também as divergências entre chefes militares, acirradas pela longa e forçada convivência nos acampamentos em que eram treinados os soldados recrutados. As disputas partidárias foram constantes e não estiveram restritas apenas às lideranças mais carismáticas do Exército. As cartas e os diários escritos no *front* demonstram o desânimo de oficiais e soldados, a incerteza quanto à vitória militar e as críticas à administração do dia a dia.

Para os chefes políticos e seus agregados, um caminho imediato era a busca das isenções legais, que limitavam o recrutamento de funcionários públicos, arrimos de família ou de homens legalmente casados. Para aqueles obrigados a servir, uma primeira opção era a oferta de substitutos, livres ou libertos. Logo, um "mercado de substitutos" começou a operar em diferentes províncias, recurso, porém, que só servia para quem pudesse pagar, reforçando a visão da "guerra do homem rico sustentada pela luta do homem pobre". Para os mais humildes, a opção mais comum foi a fuga, cuja importância é bem captada por ditado típico da sabedoria da população interiorana, segundo o qual: "Deus é grande, mas o mato é maior!"

As revoltas internas contra o recrutamento, no Brasil, difeririam daquelas na Argentina, por acontecerem num Estado mais centralizado e institucionalizado. Não havia, àquela altura, movimento separatista que pudesse ameaçar a unidade nacional tal como estruturada nas décadas anteriores. Também não existia um partido político com ideologia específica de oposição à guerra. Portanto, as revoltas não ameaçaram a unidade nacional, a estabilidade monárquica ou a manutenção da escravidão. O que elas fizeram foi demonstrar os limites da autoridade dos presidentes de província, quando se sobrepunham aos interesses locais, que eram essenciais aos compromissos do sistema político. Os presidentes, como delegados do poder imperial, esforçavam-se para alcançar as cotas determinadas pelo Ministério da Guerra, mas seu esforço esbarrava na procrastinação dos grupos locais, no temor dos possíveis recrutas e na repulsa generalizada ao recrutamento.

Também não havia um partido político essencialmente pró-guerra. O apoio partidário decorreu de estarem ou não seus líderes à cabeça do ministério, portanto, com capacidade para utilizar as estruturas clientelistas em seu favor. Inexistia, dessa forma, uma agremiação, como a dos Republicanos nos Estados Unidos, capaz de capilarizar o esforço para o conflito, assumindo os aspectos mais impopulares da sua execução em nome de uma causa nacional, dotada de uma pauta política e social que se envolvia com o próprio esforço de guerra. Também inexistia uma agenda interna para o apoio à guerra. Questões relativas à cobrança de impostos, à alocação de tarifas, ao estímulo à indústria ou à reforma agrária não fizeram parte da pauta de apoio e sustentação do conflito. O que houve foi, como se dizia na época, um esforço para "desagravar a honra nacional", atingida pela invasão do território e pela captura de alguns de seus habitantes. Essa pauta dizia respeito aos interesses históricos do Império no Prata, para os quais a "audácia paraguaia" só seria passível de punição pela derrota total de suas forças militares, um fato que desencorajasse qualquer futura tentativa de provocar o Brasil por meio da guerra.

Já os proprietários de terra deixaram de ver a vitória como algo essencial aos seus interesses. Sobrava a Monarquia, e seu círculo mais próximo de políticos, ministros e membros do Conselho de Estado. Esses indivíduos mantiveram o suporte, indo algumas vezes contra suas bases em nome da lealdade ao monarca. Mas foi sobre o imperador que recaiu a maior parte da impopularidade da situação, uma vez este manteve firme o propósito de destruir o regime de López, custasse o que custasse.

CRÍTICAS À GUERRA

Ao longo do conflito, acumularam-se críticas de políticos e intelectuais. Juan Bautista Alberdi era defensor de um liberalismo federalista, tendo desempenhado o papel de mentor intelectual da Constituição argentina de 1853. De Paris, onde viveu um autoexílio durante a década de 1860, escreveu uma série de artigos que se tornaram a condenação pública mais importante da participação argentina na Guerra do Paraguai. Os artigos tinham um objetivo evidente: enfraquecer a posição de Bartolomeu Mitre na política daquela República, abrindo a possibilidade para o ressurgimento de um regime federalista.

Uma forma de atacar Mitre e seus aliados liberais era a denúncia da aliança com o Brasil. Alberdi atribuía a guerra à ganância territorial brasileira. Em sua argumentação, as limitações sociais e culturais impostas pelo clima tórrido na maior parte do Brasil levavam o Império a se voltar para terras mais temperadas no estuário do Prata, com o objetivo de satisfazer suas ambições territoriais, particularmente para atrair novas levas de imigrantes.

A pequena República do Paraguai se encontrava em seu caminho, protegendo o Novo Mundo contra os escravocratas expansionistas, os Bragança do Brasil, em defesa do republicanismo americano. Segundo Alberdi, uma vitória brasileira levaria à expansão territorial e à submissão da população ao Império escravocrata. Nessa chave, o povo argentino era vítima de uma conspiração unitária, já que a República havia sido enganada por Mitre ao se juntar à Tríplice Aliança, porque seu povo se opusera historicamente ao expansionismo brasileiro. Alberdi previa um confronto eventual entre os dois poderes em relação aos espólios do Paraguai. Ele culpava especialmente o Império por tentar expandir suas fronteiras históricas no intuito de controlar os recursos naturais e os destinos do rio da Prata. O conflito servia, assim, como instrumento de reforço da hegemonia imperial e transformava a República argentina em um mero instrumento desse intento.

Outro publicista que criticou a guerra na Argentina foi Carlos Guido y Spano. Filho de um líder da independência, Spano utilizou o jornal *La America* para conectar a Guerra do Paraguai ao processo de unificação argentino. Sua principal crítica retornava às causas do conflito, criticando duramente o envolvimento de Mitre na guerra uruguaia. Ele também viu a tragédia como parte de uma conspiração antirrepublicana. O jornal seria eventualmente fechado pelo governo, demonstrando os limites impostos à liberdade de imprensa em tempos de crise. Contudo, os argumentos desses dois autores continuaram circulando através da imprensa federalista nas províncias, particularmente em Entre Ríos, onde a liderança de Urquiza era criticada de forma indireta por antigos aliados, inconformados com a inação do seu antigo líder.

Na Europa, especialmente na França, a *Revue des Deux Mondes*, publicada por Élisée Reclus, também apoiou Solano López, chegando a comparar o Paraguai com a Polônia no quesito martirológio dos povos, como uma República fraca, pacífica e interiorana, estrangulada por um conflito odioso de três contra um. Essa postura fortalecia a propaganda, aglutinando sentimentos anticoloniais e anti-imperiais em defesa do Paraguai em sua luta contra os aliados. A campanha em favor da pequena República no interior da América do Sul era fortalecida pelos críticos à invasão do México pela França e da República Dominicana pela Espanha no mesmo período. Ela também ressoou no Norte dos Estados Unidos, justamente devido às simpatias republicanas, ainda que a opinião pública daquele país tivesse pouco envolvimento com uma guerra travada nos confins da América do Sul.

No Brasil, o esforço de guerra também foi criticado na imprensa, em panfletos e no parlamento. Mas as críticas tinham menos relação com questões de organização nacional e mais com o desperdício do dinheiro público. Autores como Mennenio Agripa (pseudônimo de Costa Pereira) direcionavam seus argumentos contra a decisão de fazer a guerra através do território argentino, em desproveito do desenvolvimento da infraestrutura, que teria beneficiado o desenvolvimento econômico do Império. Havia críticas também de militares servindo no *front*, como Benjamin Constant, que, por meio de cartas, não poupou argumentos contra a morosidade das operações e o desperdício de recursos. Esses argumentos encontravam uma população cansada, mas conformada. Estava claro que o imperador não abdicaria dos objetivos do Tratado, mesmo que esse esforço esticasse a corda do orçamento público e da carestia, que aumentava com a inflação e os empréstimos que sustentavam a reorganização do Exército.

Em 1867, o senador por Goiás, Silveira da Mota, solicitou a criação de uma comissão de investigação no Senado para averiguar por que os combates consumiam tantos recursos aos cofres públicos. Para o referido senador, todos os problemas do país derivavam da morosidade da guerra, principalmente devido aos gastos com os impostos e os déficits. Foi secundado pelo Barão de Cotegipe, que era um crítico dos fornecedores, que estariam lucrando com compras desnecessariamente grandes. Cotegipe também acusava a política imperial por alforriar escravos inaptos para os serviços, em benefício dos seus senhores. Ao fim dos debates, contudo, a proposta foi enterrada pela maioria governista.

A EPIDEMIA DE CÓLERA

Em março de 1867, registraram-se os primeiros casos de cólera no acampamento aliado. A doença rapidamente se espalhou para o acampamento paraguaio e para a vizinha Corrientes, alcançando Buenos Aires. Milhares de soldados e civis caíram doentes, incluindo o próprio Solano López. Cerca de 4 mil deles faleceram devido à enfermidade. Dadas as más condições sanitárias, o avanço foi rápido e impactante. Na Argentina, o vice-presidente Marcos Paz, um federalista que se associara a Mitre, faleceu por cólera em fevereiro de 1868. Com Mitre no *front*, Paz responsabilizara-se pelas tarefas de governo, a administração pública essencial à continuidade dos trabalhos ordinários de um país em guerra.

Sem alternativa, Mitre teve que abdicar definitivamente do comando em chefe, delegando ao comandante brasileiro Luís Alves de Lima e Silva, Marquês de Caxias, essa posição, solução que unificou o comando de todas as forças nas mãos do chefe do Exército mais numeroso. O caminho estava livre para que Caxias centralizasse os procedimentos, até porque o Exército argentino deixara de ser uma força relevante na frente de batalha. Com a continuidade da guerra e a derrota da revolta federal na Argentina, pode-se dizer que a participação brasileira colaborou para a estabilização da situação interna argentina, ainda que nenhuma força do Império tenha, de fato, atuado contra os federais. Nominalmente, a Argentina continuava integrando a Aliança. Esse fato trazia a simbologia necessária para alavancar os esforços subsequentes.

Ao longo da paralisação, houve tratativas de paz, das quais a mais importante foi a patrocinada pelo governo dos Estados Unidos, presidido por Andrew Johnson. O secretário de Estado, William Seward, pretendia aprofundar uma nova interpretação da Doutrina Monroe, voltada para o fortalecimento do sentimento republicano. Essa política direcionava-se principalmente ao México, então governado pelo imperador austríaco Maximiliano, instalado ali pelos franceses, mas a situação na América do Sul também preocupava as autoridades norte-americanas, principalmente devido aos problemas que a guerra trazia para o comércio.

As mensagens emanadas pelo governo paraguaio expressavam uma retórica republicana que se espalhou pela América espanhola, com elementos que remontavam às Guerras de Independência. Essa propaganda também expressava sentimentos anticoloniais e antimonárquicos que alcançaram uma escala continental, promovendo a causa paraguaia em diferentes partes das Américas, na França e nos Estados Unidos. Nessa chave, o regime paraguaio tentou sublinhar uma motivação comum com as forças vitoriosas do Norte na Guerra Civil nos Estados Unidos, opondo o republicanismo contra a escravidão. Essa posição levava em conta que o Brasil permanecia como o último grande poder escravista na América. Entretanto, o Paraguai também tinha escravos, só que a essa altura estes haviam sido expropriados e alistados. Boa parte deles sucumbiria durante a guerra.

Os norte-americanos preocupavam-se tanto com a interrupção do comércio quanto com a derrocada de uma República nos confins da América do Sul. As simpatias pelo Império eram limitadas, porque o Brasil havia se declarado neutro durante a Guerra de Secessão, tendo recebido navios confederados em seus portos. Consequentemente, houve uma possibilidade de se chegar a um acordo que encerrasse as operações numa situação honrosa para o Paraguai, a despeito da intransigência do Império em relação às cláusulas do Tratado. Essa posição era apoiada pelos governos do Peru e do Chile, que eram simpáticos à luta desproporcional da pequena República contra a Aliança.

As negociações envolviam a abdicação do ditador paraguaio, uma exigência inegociável dos aliados. Mais uma vez, López, confiando nas informações dos emissários federalistas e acreditando numa cisão entre os governos aliados, interrompeu as negociações. A princípio, ao tentar transformar sua abdicação numa licença. Posteriormente, negando até mesmo a possibilidade de deixar o cargo de maneira temporária. As esperanças de López, entretanto, se mostrariam falhas, como provou a derrota das forças federalistas e a mudança de comando nas forças brasileiras. López equivocadamente sempre acreditou que faltaria aos brasileiros a determinação para levar os combates até o fim. Subestimou, dessa forma, o compromisso de Pedro II de levar a campanha as últimas consequências. Também confiou em que a vitória dependia mais da força de vontade, da coragem e do voluntarismo dos seus soldados do que da estrutura militar dos beligerantes. Essas crenças prejudicaram suas avaliações, impedindo uma resolução negociada do conflito. Mais uma oportunidade perdida. As novas etapas seriam dramáticas para os paraguaios.

A derrota do Paraguai

Para superar os problemas do comando militar, o imperador nomeou Luís Alves de Lima e Silva, o Marquês de Caxias, como comandante em chefe das forças brasileiras em operações. Caxias era um condestável do Império: político conservador, havia chegado a general com 30 anos, tendo participado de várias campanhas internas, com destaque para o comando no período final da Revolta Farroupilha, quando negociou a paz com os rebelados. Tratava-se de um general político, que conhecia muito bem a província do Rio Grande do Sul e a conflituosa situação do Prata, onde havia servido com distinção na Guerra Cisplatina e na intervenção contra Rosas. Mas, mesmo respeitado por sua experiência, Caxias não era uma unanimidade entre seus comandados. Outros oficiais, como o comandante do segundo corpo e o almirante Tamandaré, não lhe tinham apreço.

A imposição do nome de Caxias decorreu da impossibilidade do governo de solucionar o enorme conjunto de dificuldades que vinham se avolumando desde o início da campanha. Três fatores principais interfeririam no desempenho das forças brasileiras: primeiro, o país não contava com uma estrutura militar suficientemente equipada para enfrentar um conflito de dimensões tão amplas; a seguir, o estabelecimento de acordos internacionais de cooperação militar esbarrava nas contínuas rivalidades tradicionais que opunham historicamente os interesses dos brasileiros aos dos argentinos; por fim, a necessidade de unificar as diferentes forças militares brasileiras em campanha formadas por voluntários, recrutas e libertos que se ressentiam da falta de procedimentos padronizados. Já que era impossível transformar imediatamente a estrutura social do país, Caxias tratou de transformar o Exército, através da centralização dos procedimentos de comando, e subordinar a Marinha.

O comando de Caxias atuava principalmente no sentido de conter os conflitos internos da oficialidade. Essa nomeação se impôs ao gabinete progressista, que governava o país e era adversário do próprio Caxias no plano político. Essa tarefa foi facilitada por estar grande parte das tropas estacionada fora do território brasileiro, permitindo certo distanciamento da disputa política interna. Com isso, o comandante recebeu poderes extraordinários para admitir, demitir e transferir oficiais, inclusive o comandante da Marinha, o almirante Tamandaré, que era fonte de várias reclamações, nomeando simultaneamente o vice-almirante Joaquim José Ignácio, futuro Visconde de Inhaúma. Caxias também lutou, sem muito sucesso, pela autoridade para executar penas de morte por indisciplina diretamente nos acampamentos, sem a necessidade de consulta ao ministério. Com aquela troca, Caxias subordinava de vez o comando da Marinha através de alguém mais afinado com o seu comando. Subordinar a Marinha ao Exército talvez tenha sido o grande êxito de Caxias naquela etapa da campanha.

O novo comandante também buscava a reorganização do Exército como um espaço apartado das lutas políticas da sociedade. A ação de Caxias circunscreveu-se às imposições da guerra, a qual sobreviveu por menos de dez anos. Ao procurar melhorar a eficiência operacional da força, pagando os soldos, provendo uniformes, melhorando o serviço médico e treinando as tropas sob seu comando, esse general reforçou a posição do Exército no interior da burocracia, conferindo-lhe uma autonomia até então desconhecida na história do país. E foi sob a marca dessa autonomia que o Exército começou a conformar uma identidade específica que se oporia crescentemente nas décadas seguintes à influência dos bacharéis da política.

A nomeação de Caxias para o comando não foi bem-vista pelos membros do gabinete progressista que governava o país na época. Caxias era um nome influente do Partido Conservador, símbolo da unidade nacional e um condestável do Império. Havia comandado a repressão às principais lutas separatistas durante o período da consolidação da unidade nacional. As relações com a Liga Progressista não eram tranquilas, uma vez que as enormes prerrogativas à disposição daquele comandante chocavam-se com as diretivas do governo constituído. No entanto, a vitória na guerra era uma prioridade para aquele mesmo governo.

De fato, o gabinete de Zacharias de Góes e Vasconcelos, último do período progressista, preencheu a etapa mais difícil na condução da guerra. Empossado pouco antes da derrota em Curupaiti, foi demitido anteriormente à queda de Humaitá. A fraqueza do ministério consistia na dependência em que ele mesmo se havia colocado perante o generalíssimo das forças brasileiras no Paraguai. Caxias contava com a confiança do imperador para reorganizar a capacidade operacional dos contingentes. Isso significava um controle completo sobre as atribuições referentes à guerra, inclusive o orçamento do ministério, uma prioridade do governo naquele momento. Ainda que o regime monárquico fosse caracterizado pela subordinação dos militares ao comando civil, Caxias utilizou-se da sua posição como comandante em período excepcional para forçar a queda do gabinete progressista e a subida de um gabinete conservador, mais afinado com suas ideias e preferências.

LIBERTANDO ESCRAVOS PARA O SERVIÇO MILITAR

Desde o começo da campanha, escravos e libertos foram alistados no Exército e na Marinha. O alistamento desses indivíduos ocorria pela força, por doações, por substituições ou quando os escravos fugiam e se apresentavam como homens livres. Com um Exército cuja composição era multirracial, recrutada geralmente nas camadas mais desprotegidas da sociedade, era difícil distinguir entre livres e escravos. Nessas ocasiões, o uniforme funcionava como abrigo em relação à condição prévia de cativo. Apesar da necessidade de soldados, o governo imperial retornou pelo menos 36 indivíduos a seus donos, quase todos descobertos logo no início, o que demonstrava a clara prioridade dada ao direito de propriedade.

A decisão de libertar número mais significativo de escravos para lutar contra o Paraguai foi oficialmente tomada pelo imperador em novembro de 1866. Após consultar os membros do Conselho de Estado, foi decidido, por pequena margem, que o governo encorajaria o alistamento seletivo, isto é, libertando-se primeiro os "escravos da nação" (escravizados entrados ilegalmente após a lei de 7 de novembro de 1831 e que ficavam sob a custódia do Estado ou de particulares) e, em seguida, encorajando-se a libertação de escravos de conventos e ordens religiosas. Numa terceira etapa, o governo estimularia a venda de escravos de particulares, no que poderia ter sido um processo mais agressivo de libertação de escravizados para posterior integração ao Exército. O que alguns conselheiros esperavam é que um número significativo de escravos pudesse ser libertado e integrado ao Exército, ajudando a repor as fileiras. Talvez, por essa mesma razão, as alforrias foram condicionadas à vontade dos senhores e não às necessidades do Estado.

O governo imperial não tinha a intenção de desapropriar os escravos. Também não pretendia manter um exército de escravos, como afirmam alguns historiadores. Essa visão foi muito presente na imprensa platina, especialmente nos periódicos de trincheira, publicados no Paraguai, que, de forma racista, a todo o momento identificavam o Exército brasileiro sendo composto por "macacos e sapos". O que o governo buscava era a cooperação dos senhores e dos religiosos, dispondo-se para isso a pagar preços de mercado. Essa cooperação foi procurada via uma série de apelos de caráter patriótico, cujo objetivo era convencer os proprietários a vender alguns escravos que deveriam ser alforriados sob a condição de servir. Muito poucos desses apelos foram satisfatoriamente respondidos e praticamente nenhum o foi sem a contrapartida: a compra do escravo pelo governo.

Dada a resistência de senhores e clérigos, não surpreende que a maioria dos escravos libertados a partir do final de 1866 tenha vindo da casa imperial e da nação – 565 de todos os indivíduos emancipados vieram de atividades relacionadas a doações imperiais, tais como a casa imperial e fazendas do Estado. Metade das contribuições privadas foi feita por substituições. As doações privadas representaram algo em torno de 2% do contingente total. No extremo mais impressionante, a província do Ceará libertou apenas um escravo para o serviço.

A falta de cooperação mais efetiva dos fazendeiros e de outros senhores pode ser atribuída à crise do trabalho escravo, resultante da interrupção do tráfico atlântico a partir de 1850. Mesmo levando em consideração as circunstâncias por que passava a agricultura, porém, sua cooperação ficou bem abaixo do que esperavam as autoridades governamentais. Sobretudo, a dificuldade para obter novos recrutas mediante a libertação de escravos demonstra os limites do Estado imperial para extrair recursos dos setores privados, mesmo em tempos de crise internacional. Esse padrão repetiu as crises do recrutamento do período colonial e da Guerra Cisplatina, diferenciando-se apenas no que se refere à clara indicação da libertação dos recrutas e de suas famílias no caso da campanha do Paraguai.

A presença de libertos no Exército constituiu importante preocupação do comandante brasileiro. Por meio da correspondência pessoal, é possível perceber o impacto causado pela socialização de ex-escravos numa força militar que passava por processo intenso de reorganização. Nas cartas a diversas autoridades, Caxias sublinhava o temor de que a disciplina pudesse entrar em colapso devido à heterogeneidade do contingente que se integrava. O generalíssimo brasileiro via o número crescente de libertos nas fileiras como ameaça à manutenção da disciplina, entendendo que os escravos alistados representariam os elementos mais degradados da escravidão. Acreditava que os senhores manteriam os mais disciplinados e obedientes na sua própria força de trabalho, livrando-se principalmente dos mais recalcitrantes.

O TERCEIRO CORPO DO EXÉRCITO

O movimento revolucionário argentino, associado à obstinação do imperador em continuar as operações até a vitória definitiva, colocou em destaque o imperativo do recrutamento de novas tropas nas províncias. Essa contingência foi vista com preocupação pela elite imperial, uma vez que o recrutamento era impopular e temia-se pela sua execução em período eleitoral. Decidiu-se, assim, que o Rio Grande do Sul forneceria o contingente de um novo corpo, que deveria cobrir a saída das tropas argentinas que lutavam para pôr fim às rebeliões provinciais.

A organização do Terceiro Corpo do Exército foi iniciada em outubro de 1866. O sexagenário general Osório (Barão do Herval) foi figura-chave dessa empreitada. A fidelidade de Osório às armas imperiais confundia-se com a própria independência do país, nem mesmo a guerra civil Farroupilha fora capaz de quebrá-la. A designação de Osório por Caxias dava-lhe autonomia. Suas conexões pessoais foram importantes no momento em que o Império necessitava de uma liderança confiável, quando precisava levantar mais um corpo no Rio Grande do Sul. Mas o velho comandante voltava do Paraguai com a saúde debilitada por um problema na perna, sequela que atormentaria seus movimentos através dos pampas. Havia também as sequelas políticas, algumas mais antigas, como a inimizade com o Visconde de Porto Alegre, seu adversário da Liga Progressista. Outras surgiriam ao longo da guerra, em virtude principalmente das flutuações da política provincial, mas também por conflitos derivados da distribuição de "cabedais militares" recebidos pelos serviços prestados ao Império, pelas resistências de alguns chefes políticos em contribuir e pela crescente indisposição da população para colaborar.

Com a nomeação de Osório, Caxias centralizava os procedimentos em uma única autoridade militar. Tal atitude deve ser entendida em face da descentralização que prevalecera até então, quando os comandantes recrutavam e isentavam seus agregados segundo conveniências locais, na ausência de um comando único e na administração de presidentes que se mostravam intimidados para cobrar dos comandantes uma contribuição mais efetiva. O Rio Grande do Sul passava a viver, na prática, uma espécie de estado de sítio, com eleições suspensas e um controle cada vez mais efetivo dos representantes do Império sobre o recrutamento.

Cruzar a fronteira com a possível ajuda de estancieiros brasileiros estabelecidos do outro lado constituía um incentivo concreto à deserção. Em contrapartida, a existência de um governo aliado no Uruguai, apoiado pelos brasileiros residentes naquele país, possibilitava a caçada aos fugitivos que atravessassem para aquela República, sem a necessidade de acionar os canais diplomáticos. Mas a politização em torno do serviço militar acabava colaborando para que muitos chefes, sentindo-se preteridos em seus comandos, acabassem estimulando seus subordinados a cruzar essa mesma fronteira, na esperança de fugir ao despotismo de adversários locais. Os rearranjos políticos embutidos na nomeação ou na demissão de oficiais criavam um clima de incerteza que afetava a reunião de tropas. As rivalidades entre as facções e a interferência do poder imperial, subordinando certos comandantes a adversários, limitavam a contribuição dos comandados, conduzindo à desconfiança de que uma nova leva de recrutas implicasse o afastamento de comandantes e o desmembramento de batalhões. No fim, foi possível alistar cerca de 5 mil soldados dessa nova leva no Rio Grande do Sul, um contingente que se mostraria essencial ao prosseguimento da campanha.

O ESFORÇO DE GUERRA PARAGUAIO

A despeito da falta de recursos ocasionada pelo bloqueio naval, o Paraguai realizou enorme esforço para manter-se na luta. A precária organização industrial da República trabalhou incessantemente para produzir canhões e balas, além de reciclar uniformes e confeccionar tecidos com o algodão produzido a partir de fibras nativas. Também houve produção de papel para a impressão de documentos e, principalmente, para a edição de jornais a partir do processamento do caraguatá, uma técnica desenvolvida pelo alemão Richard von Fisher Trewenfeld. A pólvora foi obtida através das reservas de salitre. Esse processo de substituição de importações, premido pela emergência, foi conduzido pelos técnicos ingleses que haviam permanecido no país e por seus assistentes paraguaios. O Paraguai se preparara para uma guerra total, em que se utilizou da estrutura administrativa e do controle estatal. Esse esforço envolveu a requisição dos animais e dos homens de todo o território, cujos efeitos incidiram sobre a produção de alimentos com o despovoamento do campo e das cidades.

Nesse momento, surgiram os periódicos de trincheira, como o *Cabichui* (Vespa) e o *Estrela*, que eram lidos pelos soldados no acampamento de Passo-Pucú. Os textos, escritos numa linguagem simples, denunciavam o Tratado da Tríplice Aliança, informando os soldados das razões pelas quais a luta deveria continuar. Eles também exortavam a liderança de López, retratado como um líder infalível. Uma característica desses periódicos era o uso de litografias reproduzidas em massa, utilizando-se da ironia, para provocar a coesão através do senso de humor. O trabalho dos soldados redatores foi bastante original, criando uma linha direta de contato com os demais combatentes. Esses periódicos disponibilizam chaves para entender como o regime de López se comunicava com os soldados. Escritos num formato acessível, algumas vezes utilizando a língua guarani, eles eram ricamente ilustrados, apresentando um estilo popular de caricatura. Ao seu lado, prosseguiu a edição do jornal oficial, *El Semanario*, que durante boa parte da guerra foi editado pelo principal poeta paraguaio, Natalicio Talavera, que atuou como um correspondente na fortaleza de Humaitá, antes de falecer vitimado pela cólera.

Algumas vezes, as charges paraguaias eram respondidas por periódicos ilustrados do Brasil e da Argentina, como a *Semana Ilustrada*. Esse diálogo transnacional possibilitou a reprodução das imagens na imprensa dos países da Aliança, uma circunstância que colaborava para a afirmação de identidades contrapostas. Os temas da "barbárie" e da "civilização" foram manipulados por ambos os lados em defesa das respectivas causas, ainda que a imprensa ilustrada brasileira pudesse ser mais crítica às circunstâncias internas causadas pela guerra, especialmente o recrutamento forçado, tal como apresentado nas páginas do *Cabrião*, diário satírico publicado por Ângelo Agostini em São Paulo.

Enquanto havia muita liberdade de imprensa no Brasil e liberdade temporária na Argentina, a imprensa paraguaia era totalmente controlada pelo governo. Os jornais não noticiavam as derrotas. Quando o faziam, era de forma a exaltar alguma manobra genial de López, que pudesse apresentar o resultado como satisfatório aos interesses nacionais. O controle da informação foi uma ferramenta muito utilizada pelo governo paraguaio. Um culto da personalidade do ditador se fortaleceu durante a guerra. Além disso, havia muitas festas cívicas, voltadas para a suposta comemoração de vitórias. Nessas celebrações, a população deveria demonstrar seu entusiasmo e apoio ao governo, a despeito de muitas famílias estarem enlutadas pela morte de entes queridos. Doações públicas supostamente "de caráter espontâneo" em suporte ao Exército foram organizadas. A mais famosa foi o "Livro de Ouro": nele, listavam-se as famílias paraguaias de diversas localidades que contribuíram com joias para o esforço de guerra. Destacavam-se principalmente as mulheres das elites, mas também apareciam contribuições de populares. Foi ofertada a López uma espada de honra, folheada a ouro, confeccionada a partir de doações. Devido ao bloqueio, essas manifestações não tiveram aplicação prática e, posteriormente, as sobreviventes reclamaram de suposta apropriação das suas joias por madame Lynch, a amante do ditador.

Doação do Livro de Ouro a López pelas mulheres paraguaias. "A oferenda do belo sexo do Paraguai de todas as suas joias e adornos para a defesa da Pátria. Em Assunção em 8 de setembro de 1867", gravura anônima publicada no periódico *El Centinela*, ano 1, n. 21, 1867.

As famílias paraguaias não tinham autorização para exibir publicamente sua angústia, e demonstrações "derrotistas" (como o luto) eram punidas com rigor, assim como piadas que atingissem as autoridades. Numa passagem famosa, William Stewart, o escocês que trabalhava como chefe da Saúde militar, foi ameaçado de traição por López devido à falta de entusiasmo demonstrada por sua esposa paraguaia durante as festas cívicas. Ditadores não têm senso de humor quando se trata de ironias que contestam o culto de sua personalidade. As deserções também eram respondidas com o fuzilamento, algumas vezes extensivo aos parentes do soldado desertor. Não foram raros os casos nos quais as famílias de oficiais que se renderam foram degredadas para o interior, onde encontravam condições sub-humanas de sobrevivência, quando as encontravam. A repressão interna era feroz, mas não está claro se ela, sozinha, explica a tenacidade e a resistência demonstrada pelos soldados paraguaios.

A RETOMADA DAS OPERAÇÕES

Em julho de 1867, Caxias iniciou o movimento de flanco, com o intuito de contornar e cercar Humaitá, ideia originalmente concebida por Mitre. Ao longo da marcha, descobriu-se que os paraguaios haviam construído uma linha extensa de fortificações, muito maior do que avaliavam os comandantes aliados. Esse campo entrincheirado que cercava Humaitá pelo sul e pelo leste veio a ser chamado de "Quadrilátero" por formar uma estrutura próxima de um quadrado. A marcha teve início com a ocupação do povoado de Tuiu-Cuê, que se tornaria o quartel-general daquela operação. Daquele ponto, as forças aliadas chegaram a San Solano e, mais tarde, a Tayí, isolando Humaitá depois de uma marcha de mais de 60 quilômetros para cercar a fortaleza por terra. A travessia de pântanos, lagoas e cursos de água foi possível devido ao trabalho dos engenheiros militares, que construíram pontes, estradas e até uma pequena ferrovia para o abastecimento dos navios. Com Humaitá cercada por terra, a solução do impasse dependia cada vez mais do movimento dos barcos.

"Guerra do Paraguai. Combate em Peru-hué, perto de Río Hondo, 3 de agosto de 1867, carga da cavalaria brasileira do General Andrade Neves."
Gravura anônima publicada no periódico *L'Illustration*, Paris, 26 outubro 1867.

O avanço das forças brasileiras pela marcha de flanco deixou desguarnecido o acampamento de Tuiuti. Percebendo essa oportunidade, no início de novembro de 1867, os paraguaios atacaram o acampamento aliado com cerca de 9 mil homens. O objetivo não era tomar Tuiuti, mas saquear material bélico e destruir os exércitos aliados tanto quanto fosse possível. Como várias operações propostas por López, o sucesso desse ataque somente aconteceria se a operação fosse executada de forma meticulosa. Nos cálculos, não se levou em conta que os soldados paraguaios estavam famintos e carentes de roupas e remédios. Assim, desde o começo da operação, a infantaria paraguaia perdeu-se no saque ao comércio do acampamento, especialmente à comida, consumida avidamente pelos soldados famintos, que mostravam preferência pelo açúcar e por bebidas. A cavalaria se saiu melhor, matando e subtraindo armamentos de quem passava pela frente e tomando prisioneiros entre os aliados pegos de surpresa pelo ataque, dos quais o mais famoso seria o major de artilharia Cunha Mattos, que descreveria seus padecimentos no cativeiro paraguaio após a libertação. Mas os paraguaios foram detidos perto do reduto central, onde o general Porto Alegre comandou a defesa aliada. Posteriormente, aquele oficial organizou o contra-ataque. Os paraguaios recuaram levando armas e munições em quantidade, enquanto destruíram o acampamento, mas perderam cerca de 2 mil soldados que continuavam saqueando o comércio e não perceberam o movimento de retirada a tempo de evadir-se. A derrota paraguaia, com a perda de 3.500 homens, deixou clara a impossibilidade de rompimento do cerco, que era o objetivo prioritário daquele ataque.

MITRE DEIXA A CAMPANHA

Após a morte do vice-presidente argentino Marcos Paz, vitimado pela cólera em fevereiro de 1868, Mitre deixou o Paraguai para reassumir o governo. A ausência do presidente argentino custaria caro ao seu prestígio, especialmente à capacidade de coordenar as forças liberais para a eleição de seu sucessor. O mitrismo estava desgastado e os autonomistas, que constituíam a principal corrente de oposição no Partido Liberal, viram a oportunidade de chegar ao poder. Para garantir a vitória de sua facção, o líder autonomista, Valentín Alsina, não hesitou em se aliar às elites do interior. Alsina concorreu como vice de Domingo Sarmiento, candidato sem partido representante do interior. O candidato mitrista, o ministro do Exterior Rufino de Elizalde, seria derrotado por Domingo Sarmiento, apoiado por uma coalizão de forças do interior e oficiais do Exército, entre eles o irmão de Mitre. O desgaste do governo, entretanto, não se refletiria no impulso centralizador, que continuaria forte nas duas décadas seguintes. Sarmiento era contra o prosseguimento da guerra, mas não alterou o apoio argentino, naquela etapa cada vez mais simbólico.

Com a saída do presidente argentino, como foi visto, Caxias assumiu o comando em chefe das forças em operações no Paraguai. Coincidentemente, ainda no mesmo mês, a esquadra enfim forçou e ultrapassou Humaitá, sem perder um navio. Ato contínuo, três couraçados seguiram até Assunção, bombardeando a capital paraguaia por algumas horas. A pequena esquadra tinha capacidade para infligir uma destruição maior à capital paraguaia, até mesmo para ocupá-la provisoriamente. Mas se contentou com aquela pequena exibição de força, que anunciava a deterioração do poder de López, através da exposição da capital ao fogo inimigo. Para muitos observadores, a transposição da fortaleza sinalizava para um final próximo do conflito, dado que a situação paraguaia se tornava desesperadora.

Nesse momento da campanha ocorreu uma das ações mais inusitadas, num conflito em que, àquela altura, não faltavam ações arrojadas. López ordenou o ataque a dois encouraçados brasileiros estacionados próximos a Tayí: o Barroso e o Rio Grande. Como na Batalha do Riachuelo, o objetivo era tomar os barcos para colocá-los a serviço da sua Marinha. Era uma tentativa suicida, pois os atacantes não dispunham de navios de guerra, movendo-se por canoas, camufladas com as plantas que eram levadas pelo rio. O Rio Grande foi atacado e seu convés tomado. Mas a tripulação se refugiou na parte de baixo do couraçado, enquanto o convés era metralhado a partir do couraçado Barroso, que veio em socorro do Rio Grande. Na ação, muitos paraguaios morreram, enquanto os sobreviventes saltaram de volta ao rio. Os que sabiam nadar sobreviveram.

Em consequência da ação da esquadra, López ordenou a evacuação de Assunção para a nova capital, Luque, alguns quilômetros para o interior. A provação da população civil, que já era grande, atingia agora a capital e parte importante da sua elite, forçada a abandonar casas e bens, além do corpo diplomático que, com a exceção do ministro norte-americano, teve que sair da cidade. A população da capital foi evacuada por trens e carretas, mas sua maioria, entre 20 e 30 mil pessoas, seguiu a pé. Mesmo com a imprensa censurada, os eventos dali em diante expunham o enfraquecimento da posição militar do Paraguai, deixando evidente para os observadores que não havia mais chance de vitória.

Bando de Evacuação de Assunção

Enquanto Assunção era evacuada, os soldados em Humaitá se encontravam sitiados por terra e pelo rio. Mesmo assim, os paraguaios começaram a deixar a fortaleza em pequenos grupos. Em agosto, a fortaleza era evacuada por canoas. Os soldados seguiram por terra, através do Chaco. Max von Versen, um oficial prussiano aprisionado por López, observou que: "Certamente para os israelitas a passagem do deserto não foi mais penosa do que foi para nós a marcha pelo Gran Chaco desde o Timbó até Monte Lindo". Devido ao cansaço da tropa e à falta de canoas, uma parte dos evacuados foi cercada pelos aliados em Ilha Poá. Dado o péssimo estado dos soldados e a superioridade numérica dos aliados, inexistiam condições para quebrar o cerco. Depois de negociações, o capitão Martínez, comandante do grupo, se rendeu. Essa atitude custaria caro à esposa de Martínez, Juliana Insfrán, que também era prima do ditador. López culpou Martínez pela derrota sem luta. Como era normal nessas circunstâncias, o ditador obrigou a esposa a desprezar publicamente seu companheiro. Insfrán recusou-se a criticar a conduta do marido, acusado de traição e derrotismo, atitude que levou a seguidas torturas e, finalmente, a sua execução.

EL DÍA en que Asunción fue evacuada. In: Última hora. Disponível em: https://www.ultimahora.com/el-dia-que-asuncion-fue-evacuada-n1135004. Acesso em: 21 mar. 2025.

Para surpresa dos ocupantes da fortaleza, suas defesas, vistas de dentro, pareceram muito mais precárias do que era anunciado. Custara dois anos para transpor aquele obstáculo, mas agora as forças aliadas estavam livres para prosseguir através do rio Paraguai.

CAXIAS FORÇA A QUEDA DO GABINETE PROGRESSISTA

Joaquim Nabuco (futuro líder abolicionista) observou que Caxias "parecia querer vencer pela paciência e pela velhice". De fato, Caxias encontrava-se subordinado a um ministério opositor, liderado por um rival, Zacharias de Góes e Vasconcelos. Mesmo que as relações com Zacharias, e com o ministro da Guerra, Visconde de Paranaguá, fossem cordiais, Caxias era fortemente criticado pela imprensa liberal. Não espanta, portanto, que Caxias tenha se utilizado de sua posição como comandante, em período excepcional, para forçar a queda do gabinete progressista e a instalação de um governo conservador, composto de indivíduos próximos e antigos aliados.

Em carta confidencial de fevereiro de 1868, Caxias solicitou sua demissão ao ministério da Guerra. Ele justificava essa atitude pela falta de confiança do gabinete, acusando os políticos da Liga Progressista de falta de patriotismo e de sabotarem suas determinações. O imperador, secundado por vários conservadores, exigiu a permanência de Caxias, considerada essencial à vitória. A partir de então, não havia mais condições para a continuidade do gabinete, que renunciou em julho de 1868. A partir da conquista de Humaitá, sabia-se que a vitória era questão de tempo. O Império tinha uma boa justificativa para o prosseguimento da campanha e superou os obstáculos políticos internos postos à sua continuidade. Mas o regime havia sido enfraquecido pela postura de Caxias e pela intervenção do imperador. A prioridade dada à vitória mais uma vez sacrificava o sistema político.

Para todos os fins práticos, com o rio Paraguai sob controle, Humaitá destruída e Assunção sob o risco de invasão iminente, a guerra estava terminada. O próprio Caxias propôs isso ao imperador, afirmando que seria perda de tempo e de dinheiro insistir no que chamava de "uma guerra de postos". Caxias alarmava-se com as despesas cada vez maiores relacionadas ao abastecimento e com os preços extorsivos cobrados pelos comerciantes argentinos. Também não deve ter passado despercebida a insatisfação dos oficiais mais jovens, que lentamente se voltavam contra o sistema imperial. Como o chefe militar também era um homem de governo, possivelmente levava em conta essas circunstâncias para alertar as autoridades no Brasil sobre os prejuízos que se acumulavam e o dano que essa situação poderia trazer para a figura do imperador. Mas suas observações não foram consideradas.

Nessa fase da campanha, as desconfianças de Caxias em relação aos argentinos parecem ter aumentado, numa atitude que afirmava que a continuidade da guerra era contraproducente para os interesses brasileiros. Caxias, como a maior parte dos seus homens, também estava cansado. Tratava-se de um general quase septuagenário, que provavelmente avaliava, com precisão, o moral de seus comandados e as dificuldades que surgiriam a seguir, quando suas tropas se embrenhassem pelo território inimigo. Seu pragmatismo diferia, assim, da atitude mais rígida do imperador, que exigia a renúncia de López e a destruição total do seu Exército como condição para dar a guerra por terminada.

O imperador, entretanto, insistiu na tomada de Assunção e na deposição definitiva do ditador. Como López também insistisse em continuar resistindo, as próximas etapas seriam as mais dramáticas em termos de perdas de vidas, destruição de patrimônio e sacrifícios. A população paraguaia foi sendo paulatinamente evacuada, sem que esse movimento contasse com qualquer forma de apoio em termos de infraestrutura. Os oficiais brasileiros que conseguiram alcançar alguns desses grupos deixaram descrições impressionantes dos cadáveres encontrados ao longo das trilhas das marchas e do estado de prostração física daqueles afortunados que foram encontrados ainda com vida pelo caminho. Também começaram a surgir os prisioneiros de guerra, fossem do segundo ataque paraguaio a Tuiuti, fossem ainda prisioneiros tomados nos ataques paraguaios a Mato Grosso e a Corrientes, que passaram por situações de extrema privação ao longo do seu cativeiro.

EXECUTANDO A ELITE PARAGUAIA

Solano López recuou para as barrancas do rio Tebicuary, um afluente do Paraguai, instalando-se na outra margem, numa antiga estância da pátria, chamada San Fernando, onde construiu um sistema de trincheiras para impedir o avanço das forças da Aliança. Caxias, então, planejou uma marcha pelo outro lado do rio Paraguai, com o intuito de contornar as fortificações paraguaias, alcançando-as pela retaguarda. A marcha de flanco foi executada com precisão por Caxias, apoiado em seu corpo de engenheiros e no trabalho incessante dos soldados que construíram uma estrada de dez quilômetros, calçada por troncos de palmeiras.

À medida que ficava claro que não havia chances de vitória, López se tornou ainda mais paranoico a respeito da situação interna. Boatos sobre uma conspiração para sucedê-lo e terminar a guerra levaram à prisão de parte da elite política do país e do corpo de estrangeiros residentes, vistos como suspeitos. As prisões incluíram os dois irmãos e os dois cunhados de López, o bispo de Assunção, o ministro do Exterior, José Berges, o secretário do Tesouro, Saturnino Bedoya (que também era cunhado do ditador), familiares de pessoas consideradas culpadas de traição, bem como grupos de estrangeiros, que incluíam o responsável pelo consulado português, Leite Pereira, comerciantes franceses e de outras nacionalidades, além de uruguaios *blancos* e líderes federais argentinos exilados no país. Os estrangeiros constituíam um alvo comum, uma vez que também podiam ser acusados de "falta de patriotismo", dada sua delicada posição como neutros em meio a uma guerra da qual não participavam, com exceção dos técnicos ingleses, dos *blancos* e dos federais. Os prisioneiros foram torturados. Em meio aos suplícios, muitos admitiram sua culpa numa pretensa conspiração que teria como líder o representante dos Estados Unidos, Charles Ames Washburn.

Ao reprimir com brutalidade as elites locais, López aproximava-se das práticas de Francia, concentrando todo o poder do Estado em suas mãos. A repressão também atingiu os bens dos acusados, que foram transferidos para a alçada do governo, na verdade, de López. Nos julgamentos, os acusados não tiveram advogados de defesa, nem direito a *habeas corpus*. Na verdade, a própria constituição dos tribunais era uma farsa, com o objetivo de referendar decisões que já estavam tomadas, e que eram confirmadas pelas "confissões" obtidas por meio das torturas infligidas aos acusados. O instrumento de tortura mais famoso era o Cepo Uruguaio, similar a um pau de arara, no qual a vítima é submetida a terríveis dores nas costas.

Como a opinião que contava era a de López, a destruição da elite do país foi executada de forma rápida e irreversível. A existência do movimento conspiratório nunca foi comprovada pelas fontes. Com a situação deteriorando-se rapidamente, é possível que grupos com certa influência tenham discutido em algum momento a possibilidade de uma paz sem López. Porém, parece pouco provável que essas discussões tenham adquirido a dimensão de uma conspiração. A rede de informantes do ditador pode ter percebido algum movimento, relatando-o ao comando do governo. Numa conjuntura de ameaça a um sistema centralizador e vertical como era o paraguaio, também não seria absurdo que as informações fossem ampliadas por funcionários que procuravam mostrar serviço a seus superiores. Igualmente, não é impossível que velhas rivalidades pessoais encontrassem o seu ajuste de contas nessas condições. Aconteceu antes, aconteceria em outros regimes e situações. Cerca de 400 pessoas foram executadas a tiros ou golpes de lança, dada a escassez de armas de fogo. No expurgo, desapareceram indivíduos que poderiam substituir López numa possível transição. O ditador deixava a terra arrasada para o pós-guerra, uma circunstância que teria enormes consequências quando os aliados tentaram formar governos paraguaios no período subsequente.

REPRESSÃO POLÍTICA

"Todos os dias chegavam presos ao nosso curral [de] estrangeiros, agarrados no interior do país, senhoras e oficiais superiores do exército. As usuais torturas continuavam a ser aplicadas com o desejado resultado. Ao anoitecer o oficial da ronda lia no rol os nomes que estavam marcados. Então, os condenados eram desamarrados e levados por caminho lateral para o lugar da execução: em lembrança dos que acabavam de ser assassinados, voltavam apenas os farrapos, que para os soldados ainda tinham serventia. Eram pessoas que eu não conhecia, mas que mostravam pertencer às melhores classes da sociedade. Em um só dia desapareceram para cima de 50, entre as quais me apontaram o relojoeiro alemão Fulgraf. Precisaram 3 carros de bois para recolherem à maioria os grilhões dos executados, grilhões que provavelmente não tardaram a oprimir outros inocentes, arrastados ao infortúnio por simples suspeita."

(VERSEN, Max von. *História da Guerra do Paraguai*. São Paulo: Itatiaia, 1976, p. 149.)

A DEZEMBRADA

A marcha de flanco permitiu que, no final de 1868, uma série de batalhas fosse travada perto de Assunção, desimpedindo o acesso por terra à capital paraguaia. Destacam-se as batalhas de Avaí, de Itororó e de Lomas Valentinas, num conjunto de combates conhecido como "Dezembrada". Nesses confrontos, o Exército paraguaio regular foi praticamente destruído.

Por pouco López não foi capturado, escapando para o interior do país, em episódio que levou Caxias a ser acusado de condescendência com o líder paraguaio. Três dias depois de aniquilar as defesas paraguaias no complexo de Pikisiri, o general George Thompson, engenheiro britânico responsável pela defesa de Ascurra, também se rendeu. Não havia possibilidade de resistência a partir daquela posição, circunstância que consolidou a opinião do comandante daquela guarnição sobre sua inutilidade. Thompson escreveria um livro que se tornou importante testemunho da guerra e do que considerou "a coragem dos paraguaios", ainda que o britânico se mostrasse um crítico dos comandantes dos dois lados da campanha. Ele viveria para voltar ao Paraguai, onde morreu em 1877.

Batalha do Avaí (1877), por Pedro Américo. [Museu Nacional de Belas Artes, Rio de Janeiro]

No dia 1º de janeiro de 1869, tropas brasileiras ocuparam Assunção. Os argentinos acamparam prudentemente fora da cidade. O que se seguiu foi um saque desordenado da capital, envolvendo casas particulares, igrejas, prédios do governo e até mesmo representações consulares. Os oficiais não coibiram a pilhagem que prosseguiu durante alguns dias. O saque foi denunciado por diplomatas e outras testemunhas internacionais, que contestaram o "caráter civilizatório" daquela empreitada.

Pouco mais de quatro anos após a apreensão do vapor Marquês de Olinda, um dos principais objetivos da Aliança fora alcançado. Mas havia dúvidas sobre a prudência de continuar-se a campanha a partir dali.

A campanha
das Cordilheiras

pós a queda de Assunção, em janeiro de 1869, muitos observadores esperavam que finalmente López se rendesse. Cinco anos de lutas haviam levado o país ao precipício econômico e ao desastre demográfico. Os recursos nacionais estavam destruídos e a agricultura de subsistência não podia prover nem mesmo o mínimo para alimentar a população faminta. Recrutamentos e deslocamentos criaram legiões de refugiados que se deslocavam pelo território devastado, desatendidos pelo que ainda existia do governo paraguaio, cujas forças eram capazes apenas de supervisionar e reprimir, mas não de providenciar comida ou recursos médicos nas quantidades requeridas. Mesmo assim, contra todas as evidências, o líder paraguaio decidiu manter a luta a partir da sua base na cordilheira a leste de Assunção. A decisão de López adiou o final do conflito em 13 meses, elevando as fatalidades demográficas e militares a níveis que o país levaria décadas para superar.

O Exército regular do Paraguai havia sido destruído durante a Dezembrada, quando perdeu mais de 20 mil homens. Por volta de janeiro de 1869, as forças paraguaias eram um espectro da formação original, uma vez que os soldados mais experientes e a maior parte do equipamento haviam sido perdidos. A despeito da sequência de reveses, López e alguns seguidores conseguiram escapar em segurança para o interior, onde iniciariam a organização de um novo Exército.

Exausto pela sequência de combates, o sexagenário duque de Caxias declarou que a guerra estava concluída e deixou o Paraguai sem autorização imperial, um ato pelo qual o generalíssimo seria muito criticado nos círculos políticos do Rio de Janeiro. Ele também seria acusado de deixar Solano López escapar do cerco em Lomas Valentinas, uma acusação nunca comprovada. A saída de Caxias desencorajou as tropas estacionadas no Paraguai, gerando uma multiplicação de pedidos de licença da parte de oficiais e de soldados, uma situação delicada para os ocupantes, na medida em que partes do território ainda não se encontravam sob o controle da Aliança. De fato, existia uma chance real de que, a partir de sua posição nas montanhas, López reorganizasse seu Exército e retornasse ao poder. Após os imensos esforços realizados para derrotá-lo, esse desfecho não era aceitável.

Depois da ocupação de Assunção, os aliados começaram a discutir a formação de um novo governo paraguaio. O processo foi delicado. Os brasileiros temiam que a Argentina anexasse o Paraguai, criando dificuldades para a navegação fluvial e o contato com Mato Grosso. Da sua parte, os argentinos queriam anexar a região do Chaco, expandindo seu território para o norte, até a fronteira com a Bolívia. Com a chegada do diplomata brasileiro José Maria da Silva Paranhos tiveram início as gestões para a criação de um novo governo. Paranhos era possivelmente o mais experiente diplomata do Império, com larga folha de serviços nas questões platinas, especialmente no Uruguai. Sua nomeação visava estabelecer um poder administrativo no Paraguai, após a saída de Caxias. O momento era crítico, porque a guerra continuava acontecendo nas cordilheiras. E o novo embaixador dos Estados Unidos, Martin T. McMahon, nomeado no final de 1868, acompanhava López em Peribebuí, a nova capital. McMahon, um veterano do Exército da União durante a Guerra Civil Americana, era simpático ao presidente paraguaio, que via como um líder republicano acossado pelo poder monárquico. As relações entre os dois eram muito boas, ao contrário do que se passara com o ministro anterior, Charles Washburn. Surpreendentemente, McMahon decidiu seguir López em sua epopeia pelas cordilheiras, demonstrando que o governo dos Estados Unidos continuaria reconhecendo o líder paraguaio como o poder legítimo naquela República em ruínas. Ainda que a política americana estivesse voltada para a Reconstrução do Sul e para a crise no México, havia receio de que houvesse alguma nova tentativa de intermediação, um fato que seria desastroso para as forças ocupantes. Esses receios não se confirmaram, mas não era possível saber o alcance do interesse americano naquele momento.

Em contrapartida, os candidatos à sucessão de López formavam um grupo heterogêneo de exilados e antigos soldados. Suas motivações pessoais os afastavam de um consenso imediato. Havia muita corrupção em Assunção, envolvendo oficiais aliados, comerciantes e fornecedores. Esse clima intensificava as tensões entre os grupos em disputa pelo poder. A situação era agravada pela chegada de milhares de refugiados, acampados na praça central da cidade. Esses retirantes precisavam ser alimentados, tratados e vestidos. Assim, as negociações envolviam questões delicadas, cuja resolução era urgente. Paranhos e o representante argentino, Mariano Varela, acabaram acordando a formação de um triunvirato, que governaria o Paraguai interinamente. Mas o novo governo, devido às circunstâncias dramáticas em que assumia, era fraco. Ele dependia das forças militares aliadas, especialmente das brasileiras, para se manter contra as ambições de outros postulantes. A população paraguaia havia perdido a maioria dos homens em idade adulta. A agricultura estava devastada e a população, composta majoritariamente por mulheres e crianças, dependia da ajuda aliada para sobreviver.

O novo governo paraguaio seria sustentado principalmente pela diplomacia brasileira. Assim, os paraguaios assinariam um acordo em separado com o Império, cedendo-lhe o rio Apa como o limite geográfico leste da República. A assinatura de acordo em separado com o Brasil rompia, na prática, com o Tratado da Aliança. Para os argentinos, sobreviriam mais alguns anos de negociações, até que os paraguaios aceitassem a cessão do Chaco Austral e de parte do Chaco Central, finalizando o processo de delimitação de limites. Nesse ínterim, a ameaça de guerra entre os dois principais poderes aliados nunca esteve descartada. Naquele momento, contudo, a Argentina estava envolvida em contenciosos com o Chile pela posse da Patagônia, situação que desencorajava a opção por uma nova aventura militar no Prata. Além disso, após o assassinato de Urquiza, uma revolta em Entre Ríos consumiu recursos militares importantes até que aquele bastião federalista fosse completamente subjugado.

O pós-guerra paraguaio seria de grande instabilidade política, com golpes e contragolpes que marcariam a trajetória daquela República nas décadas seguintes. A instalação dos governos liberais no Paraguai estaria associada a essa instabilidade, questão que dificultaria a normalização política do país, reforçando a crítica autoritária aos governos de caráter liberal nas décadas seguintes. Ironicamente, para os paraguaios, a construção de uma ordem constitucional se associaria à derrota e ao empobrecimento do país, uma equação difícil de resolver nas condições precárias que caracterizariam a reconstrução daquela República. Os primeiros anos seriam marcados pelas consequências do desastre demográfico, com as mulheres assumindo as principais tarefas da reconstrução econômica. Mas os governos seriam compostos apenas por homens.

A RETOMADA DAS OPERAÇÕES

O exército que López conseguiu organizar em Cerro León era um grupo improvisado de idosos, crianças e soldados fugindo das forças aliadas, agora reagrupadas na nova capital, a cidade de Luque. Ele contava com 2.500 soldados mal-armados e vestidos com trapos. Essas tropas tinham precedência para consumir a pouca comida produzida, assim como para recolher o gado, onde quer que fossem encontrados rebanhos. Elas possuíam poucos canhões e armas de fogo, dependendo principalmente de lanças e espadas. Suas chances contra os cerca de 28 mil soldados da Aliança eram quase nulas. Ainda assim, pessoas continuariam chegando nas posições paraguaias para tomar parte nos novos combates que se avizinhavam.

López acreditava que a falta de mapas e a pouca informação sobre suas tropas, especialmente o seu paradeiro e o equipamento, desencorajariam uma quarta campanha aliada contra suas posições. Ele também ganhava tempo para ver se alguma discordância entre os aliados que agora ocupavam o Paraguai podia finalmente beneficiar seus interesses. O ditador continuava insistindo em que, em algum momento, uma ruptura entre os aliados levaria à possibilidade de uma paz negociada. A persistência dessa expectativa teve seu custo em vidas e sofrimentos.

De fato, incialmente os aliados estavam ocupados, discutindo a formação de um novo governo paraguaio e administrando as partes do território por eles controlada, uma tarefa complicada levando em conta o grau de destruição material e demográfica do Paraguai, situação que impedia os ocupantes de viver dos recursos do país. Existiam discordâncias sobre o futuro entre os líderes brasileiros e argentinos operando em Assunção, especialmente no que diz respeito aos limites territoriais. Eleições no Brasil e na Argentina em 1868 levaram ao poder governos cujas políticas externas não mais convergiam, como ocorrera durante as administrações liberais anteriores. Com os conservadores firmemente enraizados no Brasil e a eleição de Sarmiento na Argentina, os vínculos diplomáticos, que nunca foram exatamente sólidos, esgarçaram-se. Portanto, havia menos disposição naquele momento de respeitar as cláusulas do Tratado da Tríplice Aliança, particularmente no que referia às pretensões territoriais argentinas de incorporar a região do Chaco, a oeste do rio Paraguai. Apesar dessas diferenças, a aliança não havia sido desfeita, ainda que o contingente argentino fosse muito menor que o brasileiro, e o uruguaio tivesse praticamente desaparecido, uma situação que se aprofundara com o assassinato de Flores, em Montevidéu, em 1868 – um evento que alterou a disposição uruguaia para continuar na luta, já muito abalada desde Curupaiti.

Enquanto isso, milhares de pessoas (soldados e civis) afluíam às linhas de López. A despeito da falta de comida e armamento, esses paraguaios decidiram jogar sua sorte com o ditador, talvez por desconfiarem das intenções da Aliança e temer por suas vidas nas mãos dos brasileiros. Eles compartilhavam crenças, ideais e costumes que os levaram a manter um grau forte de coesão, mas, sobretudo, eles temiam os invasores. Alguns pensavam que os brasileiros escravizariam todos. Outros temiam que a perda da identidade nacional desonraria suas famílias. Por volta de março de 1869, a despeito dos prospectos sombrios, as forças remanescentes ainda possuíam uma fundição de ferro, oficinas de reparo, barcos e algum armamento, especialmente canhões de calibre curto. Também mantinham os arquivos, o tesouro público e as joias das igrejas. López ainda controlava as linhas interiores da República e trechos da única estrada de ferro do país. Com essas ferramentas e a confiança de seus seguidores e subordinados, López construiu a força que lutaria o último capítulo da guerra.

Enquanto os aliados controlavam Assunção e a rota através do rio Paraguai, os paraguaios controlavam uma boa parte do leste do país. Entre as cidades de Luque e Azcurra existia uma fronteira de guerra, uma terra de ninguém ocasionalmente frequentada pelas forças aliadas sem maiores combates. Ambos, o Conde D'Eu e Solano López, passaram os meses entre janeiro e agosto de 1869 preparando os seus exércitos, sem que movimentações relevantes ocorressem, exceto pelas ocasionais trocas de tiros.

Para substituir Caxias, o governo imperial nomeara Gastão d'Orléans, o Conde D'Eu, marido da princesa Isabel, herdeira do trono. Aos 26 anos, o conde era um dos poucos membros da família real brasileira com experiência militar, já que havia servido numa posição subalterna durante a guerra espanhola no Marrocos entre 1859 e 1860. Sua elevação ao posto de comandante tinha por objetivo conter os oficiais e ao mesmo tempo encerrar uma longa e desgastante campanha que já não era popular no Brasil há algum tempo. Visava, provavelmente, também, dar glória ao consorte da futura imperatriz, a princesa Isabel.

Quando a guerra começou em 1864, Gastão requereu um comando ao imperador. Naquela ocasião, seu pedido foi recusado por Pedro II, temendo que essa designação fosse interpretada pelos argentinos como um signo de expansão dinástica. Ainda assim, o conde acompanhou o imperador durante o cerco e a rendição de Uruguaiana, deixando um interessante livro sobre a campanha e a viagem ao Rio Grande do Sul. Em 1860, Gastão não queria mais seguir para o *front*. Ele entendia que a caça ao ditador paraguaio pelos sertões do país não seria uma campanha honrosa. Novamente, sua vontade não prevaleceu, e o conde teve que acatar as ordens de seu sogro. Refletindo sobre a natureza da guerra, D'Eu observou: "O que se apresentava como seguimento [era] uma guerra de gênero inteiramente diverso e de condições quase totalmente desconhecidas." Operando no interior do Paraguai, longe das linhas de suprimento, D'Eu testemunhou as terríveis consequências do desastre demográfico do país através de uma marcha por regiões devastadas. Segundo ele, essa posição afetaria seu prestígio e suas emoções de forma profunda.

A NATUREZA DA GUERRA NAS CORDILHEIRAS

A campanha das Cordilheiras não foi uma guerra de guerrilhas. Aparentemente, exceto pelos combates suicidas que planejou contra navios da esquadra durante o cerco de Humaitá, López nunca favoreceu esse tipo de estratégia, mesmo estando em inferioridade de condições. As duas batalhas principais, Peribebuí e Campo Grande (Acosta Ñu), ambas travadas em agosto de 1869, constituíram confrontos convencionais, disputados segundo as concepções da época, com os exércitos seguindo uma ordem tradicional de combate ou, pelo menos, tentando segui-la. Devido ao contingente cada vez menor, os paraguaios procuraram entrincheirar-se, mas sem sucesso. Em ambas as batalhas, os paraguaios foram massacrados; os sobreviventes em condições procuraram se mover para evitar a captura ou a rendição. Assim, o que houve de guerra irregular refere-se ao péssimo estado das forças paraguaias, situação que impediu que aquelas assumissem uma formação mais convencional dada a carência de homens e material.

Batalha de Campo Grande (ou Acosta Ñu) (1871), por Pedro Américo. [Museu Imperial, Petrópolis]

Para interromper o avanço, os paraguaios tentaram tirar vantagem da topografia e das distâncias que os aliados tinham que percorrer desde as suas bases de suprimento. O interior do país carecia de boas estradas e o acesso pelos principais rios ali era impossível. Durante a estação chuvosa, as estradas ficavam imprestáveis e o clima podia ser excessivamente quente no verão e suficientemente frio no inverno. Assim, doenças tropicais, comida inadequada e obstáculos constantes submetiam as forças invasoras a desconforto permanente, diminuindo o moral entre os soldados e comprometendo sua mobilidade.

Enquanto isso, a grande maioria dos soldados paraguaios estava privada de refeições decentes, uniformes e armas de fogo, assim como do apoio de um campesinato ativo na retaguarda que pudesse sustentá-los, circunstância que, pela primeira vez, produziu deserções em grande número, um fenômeno que somente se tornou comum nesses últimos estágios da campanha. Dionísio Cerqueira, um voluntário que ascendeu ao posto de capitão por essa época, observou: "Sentíamos que os soldados de López não mostravam mais a resistência de 1866, na qual obtiveram grandes feitos. Eles nos disseram que ninguém acreditava mais nas promessas de ressurreição, porque o tempo lhes havia ensinado a realidade."

Se a campanha se tornou um tormento para ambos os lados, a logística foi provavelmente pior para os aliados, que marchavam por um território desconhecido, e tinham problemas para alimentar convenientemente seus homens e animais. A campanha basicamente consistiu na perseguição das forças remanescentes de López através do interior do Paraguai por regiões semidesertas, pântanos e montanhas. Após deixar Luque, o líder paraguaio estabeleceu uma nova capital em Ascurra. Para reforçar sua posição, o ditador decidiu fortificar a cidade de Peribebuí, visando atrasar a marcha das tropas aliadas. Enquanto isso, o Conde D'Eu conquistou pequenos povoados no caminho, enganando López a respeito da rota que tomaria. Nesse caminho, as tropas da Aliança destruíram a fundição de Ibicuí, que constituía um símbolo da modernização paraguaia. Ali, como em outras atividades da retaguarda daquela República, encontraram grande quantidade de prisioneiros, que prestavam trabalho compulsório na fundição. Os oficiais paraguaios foram executados. Em seguida, as tropas tomaram os trechos da estrada de ferro que ainda estavam sob controle das forças lopiztas. Dessa forma, impediram os paraguaios de se reforçarem com contingentes vindo do Leste, cortando o suprimento das poucas armas que ainda poderiam abastecer o Exército inimigo.

Grupo de prisioneiros paraguaios (1870).
[fotografia de autor anônimo publicada em Jorge Thompson, *La Guerra del Paraguay.*
Acompañada de un bosquejo histórico... 2. ed., Buenos Aires, T. Graf. L.J. Rosso y Cia., 1911]

Enquanto se preparava, López continuou eliminando "adversários", numa espécie de "purificação permanente" da população. Simultaneamente à construção de fortificações e trincheiras na cordilheira, López enviou tropas para o departamento de Concepción. A região situada a cerca de 400 quilômetros de Assunção havia passado relativamente imune às provações da guerra, por isso mesmo despertou a desconfiança do ditador, que ordenou uma repressão devastadora contra as lideranças locais e aos membros de famílias proeminentes suspeitos de "simpatias pelo inimigo". Assim, a chegada das forças lopiztas resultou na execução de homens, mulheres e adolescentes, cujas conexões com o inimigo eram consideradas "evidentes". A intensificação da repressão marcou o rompimento definitivo de López com as elites do país, o grupo constituído por fazendeiros e comerciantes que pertenciam aos setores mais ricos da população, que àquela altura esperavam uma vitória rápida e total dos aliados. Daquele momento em diante, as únicas bases de apoio de López seriam os camponeses deslocados e os grupos de militares que haviam sobrevivido tanto à guerra quanto à repressão.

Quanto mais isolado, mais paranoico López se tornava, vendo traidores em todos os lados: mandou evacuar um grande número de parentes de pessoas suspeitas, principalmente mulheres e crianças que seguiram o Exército como reféns. O grupo ainda incluía alguns diplomatas, técnicos estrangeiros e as mulheres de homens acusados de covardia ou colaboração com o inimigo. Houve, portanto, evacuação de mulheres de soldados e da elite. Estas foram divididas em dois grupos principais: as *residentas* e as *destinadas*. As primeiras, consideradas leais, foram enviadas para o interior onde deviam ser realocadas, dependendo das condições de hospedagem. *Destinadas* eram as mulheres de soldados, oficiais e políticos considerados traidores. Figuram, também, nesse segundo grupo as esposas dos diplomatas e de comerciantes estrangeiros que caíram em desgraça. Sem víveres, milhares de civis pereceriam nas marchas forçadas pelos caminhos do interior.

Alguns sobreviventes deixaram testemunho, como Dorothée Duprat de Lassere, uma cidadã francesa, cujos marido, irmão e pai haviam sido executados nos julgamentos de San Fernando, em 1868. Forçada a seguir as tropas, ela fez uma descrição detalhada da violência imposta pelos soldados paraguaios na retaguarda contra as mulheres suspeitas de "simpatias pelos aliados". Sobre a evacuação, observou que: "nunca esquecerei das cenas terríveis em que milhares de pessoas abandonaram suas casas em direção ao deserto, fugindo do inimigo. A confusão gerada entre os habitantes de Assunção no momento da partida, as estradas ocupadas por velhos, crianças e mulheres com bebês de colo, soldados famintos e longas filas de carroças com móveis, todo esse caos intoxica e mata." Depois de mais de um ano de tormentos, Dorothée Duprat de Lasserre conseguiu fugir para as linhas brasileiras, levando sua mãe. No livro que publicaria anos mais tarde, descreveu a experiência dos deslocados em paralelo à desintegração do Exército paraguaio durante o segundo semestre de 1869.

A experiência das desterradas

"Levamos sete dias para chegar a Espadim. Deviam ter ordem de trazer-nos com tanta lentidão para que nos debilitássemos pelo caminho. Enfim, na última noite nos deitamos num montezinho: antes do passo Ygatimí, caiu uma chuva espantosa. Eu estava com uma terrível dor de dente. Nós nos molhamos muito, amanhecemos sem um mate de erva para tomar, nem um bocado de nada para comer. Eram já as doze, chovia sempre. Agora tínhamos fome; sabíamos o que era privação, mas até então não conhecêramos a verdadeira fome. As criadas da sra. Leite estavam num estado deplorável de falta de comida quando de repente uma de suas mulas abortou. Eu lhes disse que na França se comia burro, que comessem o aborto. Na hora se animaram e, debaixo de uma chuva contínua, cozinharam essa carne. Mamãe e a sra. Leite sentiram excessiva repugnância olhando tudo aquilo. Fechei os olhos, havia jurado viver, comi à noite. Não restaram nem os ossos nem o couro daquele burrinho..."

(DORATIOTO, Francisco M. (org.). *Memórias de Dorothée Duprat de Lasserre*: relato de uma prisioneira de guerra do Paraguai (1870). São Paulo: Chão Editora, 2023, pp. 62-3.)

Por volta de julho de 1869, o Conde D'Eu conseguira ocupar a base sul da cordilheira, tomando vila por vila. Informado sobre a proximidade dos aliados, López retirou-se para o norte, deixando Peribebuí, sua principal posição defensiva, sob o comando do tenente coronel Pedro Pablo Caballero. As forças paraguaias eram compostas por cerca de 1.600 soldados, a maioria mulheres, veteranos incapacitados e idosos. Esse contingente enfrentaria 20 mil soldados brasileiros e argentinos. A despeito da desproporção entre as forças, Caballero recusou a intimação para se render.

O ataque ocorreu no dia 12 de dezembro. Seguiram-se 5 horas de luta violenta na qual os paraguaios, depois de ficarem sem munição, atacaram os adversários com paus e pedras. Após a rendição, vários oficiais paraguaios feitos prisioneiros foram executados, incluindo o seu comandante. A violência prosseguiu nas horas seguintes, culminando no incêndio do hospital militar local. Não há consenso entre as narrativas dos participantes sobre se o incêndio foi acidental ou provocado, mas as consequências da violência contra os prisioneiros recairiam sobre o Conde D'Eu, um personagem até hoje execrado pela memória paraguaia. Em Peribebuí, os paraguaios perderam os depósitos públicos, o tesouro e principalmente o arquivo, contendo os documentos que atestavam a memória nacional essencial para a afirmação da soberania da República. Parte desses documentos foi trazida ao Brasil, onde constituíram o fundo Rio Branco. Os originais seriam devolvidos ao Paraguai nos anos 1970, no contexto dos acordos bilaterais para a construção da usina hidrelétrica de Itaipu.

López prosseguiu para o norte do país, seguido por um Exército que se desintegrava. No dia 16 de agosto, as forças sob o comando do general Bernardino Caballero, que cobriam a retirada do ditador, acamparam na vila de Acosta Ñu, perto da cidade de Caraguataí, onde se postaram para atrasar o avanço aliado. A essa altura, a carência de armas de fogo deixou a tropa, basicamente mulheres, crianças e idosos, provida quase somente de paus, pedras e facas. No dia 16, esse Exército esfarrapado enfrentou as forças brasileiras numa das batalhas mais cruéis de um conflito que àquela altura já havia sido bastante devastador. Os paraguaios perderam cerca de 1.600 soldados. As cenas da batalha seriam descritas no depoimento de Dionísio Cerqueira, que mencionou crianças implorando por piedade. Após o fim dos combates, um incêndio no campo queimou parte dos feridos.

Após a batalha, Bernardino Caballero recebeu uma mensagem de López autorizando-o a dispensar as mulheres e crianças do serviço, mas já era tarde demais.

A resistência em Acosta Ñu permitiu a López o tempo necessário para continuar avançando para o norte, mas sua capacidade de combate estava completamente destruída. Dessa forma, e ainda ajudado pelos problemas estruturais do Exército aliado, López ganhou alguns meses adicionais para continuar sua saga. Àquela altura, não existia mais um Exército paraguaio, apenas seguidores do ditador escoltando-o através de uma terra de ninguém.

A paraguaia (c. 1879), por Juan Manuel Blanes.
[Museo Nacional de Artes Visuales, Montevidéu]

Refugiados e sobreviventes

"[...] O espetáculo o mais lastimoso oferecia-se aí aos olhares. Mulheres, crianças e velhos, cuja nutrição exclusiva era a farinha extraída da palmeira macaúba, apresentavam o aspecto de esqueletos ambulantes e haviam chegado ao último estado de fraqueza e anemia. Além disso, existia um imundo depósito de feridos e doentes, intitulado hospital, dentro do qual 600 infelizes respiravam o ar infeccionado pela putrefação de 30 cadáveres insepultos.

[...] Quadro ainda mais pungente para os corações brasileiros era a visão de 50 e muitos brasileiros estendidos nas varandas da igreja e em tal grau de abatimento que alguns faleceram de emoção, ao verem chegar os seus compatriotas. Quatro dias havia que não recebiam coisa alguma. Também a magreza era extrema: pareciam cadáveres, que não entes."

(TAUNAY, Alfredo d'Escragnolle. *Diário do Exército*: campanha do Paraguai, 1869-1870. Rio de Janeiro: Biblioteca do Exército Editora, 2002. Entrada de domingo, 15 de agosto de 1869, p. 142.)

FOME

O massacre de crianças em Acosta Ñu, ou Campo Grande, tem sido objeto de várias avaliações críticas. O revisionismo histórico e as fontes paraguaias responsabilizaram o Exército aliado pela matança, que de fato aconteceu. No Paraguai, comemora-se o 16 de agosto como o Dia das Crianças. Entretanto, o uso de crianças em exércitos, uma triste realidade das guerras civis do século XX e do tráfico de drogas, parece ser um crime tão hediondo quanto o seu massacre por forças opositoras. O uso de crianças é um aspecto característico de tiranias nos estertores. Ao recrutar esses meninos, sem expectativa de vitória, e colocá-los na linha de frente, López os direcionou para a imolação em combate, quando a derrota já era certa. Somente o caráter ultra-autoritário da ditadura paraguaia tornava possível lançar mão desse recurso sem esperar alguma forma de condenação por seus pares.

"Mãe paraguaia levando o filho a sua cova" (1870),
gravura do general Mac Mahon publicada no periódico *Harper's Weekly, Journal of Civilization.*

Em meio ao caos com os salários atrasados, o desconhecimento do terreno e a profusão de refugiados que chegavam às linhas, o Conde D'Eu ainda agravou o problema permanente do abastecimento. Para limitar o que considerava abusos dos fornecedores, D'Eu tentou regular o abastecimento através de concorrência que barateasse os custos de transporte, economizando recursos ao Tesouro imperial. O conde não estava satisfeito com os preços cobrados pelos comerciantes argentinos, buscando um sistema mais racional e barato de suprimento de homens e cavalos dos contingentes brasileiros. A abertura da concorrência foi desastrosa, pois interrompeu o fornecimento regularmente feito pela firma argentina Lessica y Lanus, sem que outras firmas tivessem capacidade, ou tempo, para assumir o trabalho. O resultado foi a desorganização do abastecimento, que somada às enormes distâncias a serem percorridas a pé ou com gado de tração, levou a fome aos acampamentos de Potrero Capivari e São Joaquim, postos avançados do Exército em operações. A decisão, portanto, ainda que baseada em premissas corretas, mostrou-se desastrada, comprometendo o sistema de abastecimento e contrariando fornecedores tradicionais que interromperam o suprimento. Acampado em Potrero Capivari, Joaquim Silvério de Azevedo Pimentel, futuro general no Exército brasileiro, servindo então como segundo tenente num corpo de voluntários, observou que durante a grande fome "a maioria dos cachorros e cavalos foi comida pelos soldados famintos".

A fome paralisou as operações por dois meses, resultando em aumento dos gastos, já que medidas de emergência para regularizar o fornecimento de alimentos, que tornaram necessária a intervenção de José Maria da Silva Paranhos (1819-80), aumentaram as despesas, obrigando o diplomata brasileiro a encomendar rações à Casa Mauá, em Montevidéu. Aos poucos, Lessica y Lanus retomaram suas atividades, e o abastecimento foi restabelecido no final de novembro. O dano à liderança do conde, porém, foi irreversível.

Para aliviar a situação das tropas, muitos batalhões foram removidos para a vila do Rosário, movimento que deixou apenas um pequeno contingente para prosseguir nas buscas pelas forças remanescentes do Exército paraguaio.

A partir desse episódio, o Conde D'Eu passou a solicitar, repetidas vezes, sua saída do Paraguai, argumentando ser "ridículo" para o Brasil fazer, perante o mundo, "esforços colossais e impotentes para agarrar um fantasma". Na volumosa correspondência endereçada a parentes e amigos, esse era o tema principal. Seu desespero causou constrangimentos aos oficiais brasileiros e ao próprio imperador, que teve que escrever muitas vezes para acalmá-lo. O desânimo levou o príncipe a se desinteressar da perseguição, voltando-se cada vez mais para os preparativos para o retorno das tropas, especialmente dos batalhões de voluntários, aos quais dedicou muitas atenções, afirmando a Paranhos que: "[...] justamente porque [...] a captura do López [...] não se dará senão em futuro remoto, [...] não produzirá efeito moral nenhum [...] cumpre procurar o efeito moral necessário em outro fato, e qual melhor que a volta desses milhares de Voluntários, e as demonstrações de reconhecimento que a Nação lhes possa dar?"

Essa situação confusa deu tempo a López para continuar sua "marcha dos mortos" pelo interior da República. No dia 1º de março de 1870, escoltas brasileiras sob o comando do general José Antônio Correia da Câmara (futuro Visconde de Pelotas) localizaram as forças de López em um vale próximo ao rio Aquidabã, no departamento de Amambay, perto da fronteira com Mato Grosso. Naquele momento, o Exército paraguaio encontrava-se reduzido a 400 homens, além de mulheres e crianças que os seguiam. Estavam ali o vice-presidente Sánchez e ministros. Após rápido combate, o ditador paraguaio foi morto por um cabo brasileiro, quando tentava fugir. Encerrava-se a guerra de maneira diferente da desejada, pois o imperador queria López preso ou exilado. A morte do ditador transformou-o em mártir, imagem que seria utilizada no futuro por políticos e historiadores revisionistas como símbolo de heroísmo, pois, pouco antes de ser atingido pelo tiro de misericórdia, López teria declarado, segundo depoimentos: "*Muero con mi patria.*" Escrevendo alguns dias mais tarde, o ministro da Guerra previu os embaraços causados pela morte de López, reconhecendo: "o ofício de Câmara deixa ver que o inimigo podia ser aprisionado sem a menor dificuldade".

A notícia do desfecho da guerra foi recebida pelo príncipe quatro dias depois, na cidade paraguaia de Concepción. O Conde D'Eu deixaria o Paraguai em abril, mas seu papel como "Marechal da Vitória" estava esvaziado, apesar das festas e das recepções cuidadosamente preparadas para recebê-lo na Corte.

Para sua indignação, os veteranos não foram autorizados a voltar em grandes contingentes, nem foram incorporados definitivamente ao Exército. Temendo revoltas de tropas ou o uso político da vitória pelos liberais, o governo esvaziou, na medida do possível, as paradas e outras manifestações de regozijo ligadas ao regresso dos veteranos. Os voluntários acabariam sendo desmobilizados em pequenos grupos, a partir de fevereiro de 1870. O Exército de linha retomaria seu tamanho de antes da guerra, pois não era do interesse da Monarquia manter um contingente numeroso. As questões relacionadas à reforma do recrutamento ainda esperariam alguns anos, só sendo resolvidas em definitivo no século seguinte, com a lei do sorteio obrigatório (que, em tese, universalizou o serviço militar entre os jovens a partir dos 18 anos) promulgada em 1916.

A OCUPAÇÃO DO PARAGUAI E AS QUESTÕES DIPLOMÁTICAS

Após a morte de López, a guerra finalmente terminou. Dado o grau de centralização política do país, o exílio ou a morte do ditador eram os únicos caminhos para o final da resistência.

Dois problemas assombraram o gabinete conservador brasileiro nos anos seguintes: o retorno dos veteranos e o acerto dos contenciosos com os governos da Aliança, principalmente a Argentina.

Os argentinos queriam manter as cláusulas do Tratado da Tríplice Aliança, que lhes permitiriam tomar porção muito vasta do território paraguaio. A ocupação brasileira teve como objetivo dissuadir essa pretensão, enquanto a diplomacia conservadora buscava reconstituir um governo paraguaio minimamente capaz de resguardar a independência do país, tarefa, aliás, muito difícil. A catástrofe demográfica que dizimou grande proporção da população guarani foi particularmente cruel com suas elites dirigentes. Nos meses finais da guerra, temendo conspiração que negociasse uma paz em separado, López liquidou praticamente todos os homens que lhe poderiam suceder. Os governos paraguaios subsequentes seriam uma mescla de veteranos de guerra e antigos inimigos de López que haviam se exilado na Argentina. O entendimento entre esses dois grupos, agravado por ambições pessoais, tornou árdua a tarefa de reconstituir um governo paraguaio.

Levaria anos para encontrar quadros dirigentes capazes de monitorar a reconstrução do país. Um contingente de cerca de 2 mil brasileiros permaneceu no Paraguai até a resolução completa do Tratado de Paz, em 1876. Muitos desses veteranos acabariam estabelecendo laços familiares no país, como foi o caso do cabo Chico Diabo, a quem se atribui o tiro de misericórdia em López, que se casou com uma paraguaia.

No que se refere à volta dos soldados, a questão parecia igualmente delicada. Os milhares de indivíduos, voluntários ou não, que participaram da campanha do Paraguai tinham direito a festas e homenagens devidas tanto ao heroísmo dos que sobreviveram quanto à memória dos que tombaram na luta ou por doenças. Muitos líderes civis do Império, porém, viam com desconfiança essas homenagens, temendo que as festas e as celebrações organizadas para receber os soldados acabassem fortalecendo politicamente o Exército como instituição, num momento em que o regime ainda se recuperava dos efeitos da derrubada do gabinete progressista. Para esses observadores, era necessário desmobilizar rapidamente as tropas vitoriosas, reconduzindo o Exército de linha às dimensões do início da década de 1860.

Os políticos também temiam o intervencionismo militar que havia marcado a história de várias Repúblicas vizinhas. Em contrapartida, a concentração de soldados desmobilizados era considerada ameaça à ordem pública, pois esses ex-combatentes poderiam mostrar-se recalcitrantes a enquadrar-se nos padrões da ordem social vigente. Tirá-los das ruas, desarmá-los e reconduzi-los à subserviência civil passaram a ser os objetivos das autoridades policiais. Ao desmobilizar rapidamente os veteranos, o governo imperial também pretendia evitar possíveis revoltas de povo e tropa, que haviam sido comuns durante a década de 1830.

Essas medidas tenderam a aprofundar as diferenças entre militares e civis. O desprestígio dos militares, principalmente dos oficiais, no período que se seguiu ao final da guerra foi acompanhado por crescente ressentimento da caserna em relação à elite bacharelesca, aprofundando uma crise que aumentaria a distância entre militares e bacharéis nos anos finais da Monarquia. Não por acaso, o primeiro presidente da República brasileira, proclamada em novembro de 1889, seria um oficial alagoano, veterano do longo conflito.

Conclusões

A independência das ex-colônias espanholas na América não levou automaticamente à construção de Estados ou nações em substituição à antiga ordem imperial. A despeito de fortes vínculos locais envolvendo cidades e províncias, inexistiu, de imediato, uma identidade nacional abrangente, que se expandisse de forma consistente pelos territórios mais amplos. Pelo contrário, a independência na América encontrou identidades locais fragmentadas pelo continente, que se apresentaram como alternativas aos desenhos estatais que se procuraram implementar a partir das antigas capitais.

O processo de formação dos Estados nacionais no Prata foi marcado desde o início por conflitos de jurisdição que resultaram em guerras civis e internacionais, conformando as estratégias de formação nacional brasileira, paraguaia, argentina e uruguaia no pós-independência. Nas décadas seguintes ao rompimento com a ordem colonial, as forças centralizadoras em cada país persistiram na busca do controle territorial, a partir dos novos centros políticos estabelecidos. Essa movimentação ocorreu num cenário de Estados-nações em processo de unificação, impactando regiões e populações, cujas lealdades às nações imaginadas ainda não se encontravam completamente consolidadas, incidindo contra identidades basicamente locais e algumas vezes transnacionais. Na região do Prata, o impasse ultrapassou o período das independências, estendendo-se até a década de 1870.

A Guerra do Paraguai foi a última das grandes crises platinas, destacando-se pela duração, pelo grau de mobilização popular e pela violência. O mais longo conflito militar da América do Sul proporcionou mudanças tanto nas relações entre os Estados envolvidos como nas concepções de pertencimento e na dinâmica interna dos países beligerantes, reconfigurando a geopolítica regional não apenas em relação às fronteiras, como também às identidades, crescentemente menos locais. O maior conflito entre Estados nas Américas foi um evento definitivo no avanço da centralização política daquelas nações. Ele constituiu o ponto-final de um longo ciclo de conflitos, que emergiram da crise do Império espanhol. Durante esse período, as sociedades dos países beligerantes fizeram um enorme esforço para se adequar às exigências bélicas de uma luta que só terminou com a destruição total do Paraguai, mobilizando homens, mulheres e recursos em volumes inéditos na região. A guerra, portanto, impôs sacrifícios enormes às populações dos beligerantes, mesmo quando não estavam diretamente envolvidas nos combates, consumindo recursos financeiros e humanos, num movimento cujos efeitos se estenderam por muitos anos após o fim das batalhas, sem necessariamente trazer benefícios, seja aos ex-combatentes, seja à população civil na retaguarda.

Os impactos da mobilização – de caráter popular e nacional, até então original – tiveram consequências nas vidas de milhares de pessoas no *"front* doméstico", que sentiram os efeitos do conflito de maneiras distintas, principalmente a inflação, a escassez de gêneros e a ameaça do recrutamento, que traziam o fantasma da pobreza e da desagregação familiar. Participaram do esforço de guerra tanto os membros das elites políticas dos beligerantes quanto homens e mulheres do povo, principalmente os últimos, justamente aqueles que tinham mais a perder.

Ao longo da campanha, houve ainda guerras civis localizadas, guerras dentro da guerra, cujo transcurso realinhou lealdades e identidades na direção dos governos nacionais finalmente vencedores. Esse movimento foi particularmente intenso nas províncias do centro e do oeste da Argentina e no Uruguai, repúblicas com histórico de contendas que vinham desde o período das independências. Foi principalmente sobre as populações civis do interior da Argentina e do Uruguai, regiões nas quais existia maior fluidez das identidades políticas, que o impacto do conflito recaiu com mais crueldade, por meio da repressão, do recrutamento e da perseguição a opositores políticos e seus seguidores. Sem falar do Paraguai, onde a coesão social amparou uma decisão de lutar até o amargo final que contribuiu para a hipermortalidade subsequente que dizimaria boa parte da população.

Para entender melhor essa conjuntura, ao longo deste livro, especificaram-se os entendimentos dos federalistas argentinos e dos *blancos* uruguaios, pensando-os como portadores de uma proposta alternativa àquela dos Estados nacionais nascentes. Também foram lembradas as revoltas contra o recrutamento, que ocorreram nas províncias andinas e no Nordeste brasileiro – como parte dessa resistência localista, buscando manifestações e significados nos ataques realizados contra escoltas e cadeias e, no caso argentino, na irrupção de *montoneras* antiguerra, movimentos populares comandados por líderes locais que contestaram a necessidade do esforço para vencer o Paraguai. Observou-se, também, como a intelectualidade platina analisou os acontecimentos, focalizando os conceitos utilizados na batalha das ideias que marcou a região naquela quadra de sua história. Essa observação levou a uma comparação com os intelectuais brasileiros que dirigiram críticas diferentes, possivelmente menos politizadas, ao esforço comandado por seu imperador.

Desde a sua conclusão em 1870, a Guerra do Paraguai tem sido objeto de várias interpretações. Algumas perspectivas enfatizaram o progresso do Estado paraguaio no período anterior ao conflito, enquanto outras interpretações deram ênfase à selvageria e ao autoritarismo como características permanentes da história paraguaia pré-guerra. De fato, no Paraguai, a guerra fortaleceu um patriotismo defensivo, cujos sentidos ainda não foram suficientemente estudados, que consolidou uma identidade popular fortemente alinhada contra o Tratado da Tríplice Aliança. Essa condição derivou do histórico de homogeneidade cultural, do avanço da educação primária e da obrigação do serviço militar universal, reforçando os vínculos entre a população e a ideia de nação. Essa experiência, contudo, foi completamente destroçada pelo conflito, levando à morte de cerca de 80% da população masculina, uma catástrofe demográfica que consolidou o fim da primeira era republicana daquela pequena nação.

Na virada do século xx, o lopizmo configurou o primeiro movimento mais abrangente de revisão daqueles eventos, dando luz a uma reabilitação de López num processo de reconsideração da História da nação que conquistou a memória nacional paraguaia pelas décadas seguintes. Pela sua crítica aos regimes liberais que se seguiram, o lopizmo acabou por se tornar uma espécie de cimento ideológico dos governos de força que se sucederam no Paraguai ao longo do século xx. De concreto, sabemos que a experiência paraguaia durante o período de 1810 a 1870 divergiu das situações dos territórios vizinhos pela precocidade de sua centralização e pelo regime autárquico de governo que ali se desenvolveu. O debate historiográfico sublinhou o tamanho e o poder do Estado paraguaio, em contraste com a fraqueza de sua sociedade civil e instituições. Essa percepção impressionou os poucos viajantes que visitaram o país durante a "Franciata", mesmo aqueles que foram autorizados a residir ali após a morte do ditador supremo (1840). Ela ainda impressiona aqueles que comparam os processos decisórios no Paraguai com procedimentos similares em outras áreas da América Latina durante o mesmo período. Entretanto, Estados fortes e instituições fracas também estiveram presentes em outras nações, residindo as diferenças nas dimensões da situação paraguaia mais do que na sua excepcionalidade regional.

Para a História do Segundo Reinado, as causas e as consequências dessa guerra desastrosa permanecem fonte de interpretações bastante diversas. Poucos temas foram objeto de mudanças de enfoque tão grandes, gerando ondas de revisão que seguem transformando a visão do conflito. A campanha de quatro anos e setes meses demonstrou a fragilidade da organização militar do Império, apesar da vitória das Armas brasileiras, e exasperou as relações entre o poder central, comandado pelo imperador Pedro II, e as lideranças regionais, constituídas por fazendeiros e comerciantes espalhados em suas diversas províncias.

No plano político brasileiro, a guerra levou ao fim da Liga Progressista, coalizão de liberais e conservadores, cuja queda, ocasionada por intervenção do imperador, levou a redefinições dos alinhamentos partidários, modificando a estrutura da competição partidária estabelecida nos anos 1840. O surgimento do Partido Republicano demarca essa mudança, ainda que ele permanecesse inexpressivo no jogo político pelas próximas duas décadas. O grande desgaste da campanha recaiu na figura do imperador, cuja insistência no cumprimento das cláusulas do Tratado sobrecarregou o orçamento nacional com consequências que se manifestariam ao longo do tempo.

Para a sociedade brasileira, a mobilização proporcionou alargamento dos contatos entre os habitantes e o poder central, realizado principalmente em função do recrutamento e das "festas patrióticas", embora sua crescente intromissão na vida das comunidades nem sempre tenha sido bem recebida. A guerra fora declarada para vingar a honra ultrajada do Império. Essa bandeira não manteve a mesma força ao longo do conflito, até porque deixou de fazer sentido tão logo o teatro dos combates passou para território estrangeiro. A população tinha dificuldade para entender a aliança com os argentinos, e o entusiasmo dos primeiros meses esfriou, transformando-se lentamente em resistência e insatisfação. Foi, portanto, uma guerra limitada do ponto de vista da população: o governo imperial encontrou os limites da sua tentativa de extrair soldados de uma sociedade cansada das exigências militares.

Para o Império, a campanha contra o Paraguai constituiu um conjunto de desafios militares, diplomáticos e de política interna. O país não estava preparado para uma guerra de grandes proporções. Nessas condições, mobilizar a população, transformando civis em combatentes, foi tarefa árdua, que demonstrou a dificuldade de coordenação entre o centro político e suas diversas periferias. Posteriormente, o não cumprimento das promessas feitas aos voluntários agravaria a desconfiança dos militares em relação aos setores dirigentes, na medida em que os sacrifícios feitos nos campos de batalha do Paraguai permaneceram pouco reconhecidos.

Na Argentina, a guerra constituiu um expediente no qual se misturou o conflito externo às guerras civis intermitentes. A invasão paraguaia facilitou o trabalho das lideranças liberais, porque deu uma justificativa adequada para a expansão do Exército. Essa construção foi difícil, porém efetivou a convivência de homens e mulheres de diferentes províncias numa mesma estrutura, adquirindo dimensão nacional que seria importante para a nova identidade do país que os liberais pretendiam cristalizar. A participação argentina seria fortemente criticada na imprensa e nas províncias, mas os federalistas não conseguiram dissuadir Mitre de continuar na campanha, mesmo que apenas nominalmente. Com a eleição de Sarmiento, em 1868, o processo de unificação argentina se fortaleceu com a participação do Exército, abrindo espaço para as "campanhas do deserto", que destruíram a oposição indígena tanto na Patagônia quanto no Chaco, incorporando territórios à soberania estatal. Ao final, as bases para o Estado unificado estavam mais sólidas que no começo, com a derrota de adversários tradicionais e a ampliação das estruturas nacionais que alargaram o escopo do poder público, aumentaram a imigração e aprofundaram a integração da economia aos mercados internacionais.

Portanto, apesar do seu caráter internacional, a Guerra do Paraguai pode ser vista como um evento essencial na guerra civil contínua na qual a sociedade platina esteve envolvida na maior parte do século XIX. Ao derrotar o regime de López, simultaneamente às revoltas federais, os governos centralizadores de Buenos Aires avançaram no processo de destruição da oposição federalista no plano interno, ao mesmo tempo neutralizando os apoios internacionais àquela facção política. Assim, o poder dos caudilhos se veria drasticamente diminuído, tendo continuidade a sua substituição pelas oligarquias regionais, que se subordinariam à crescente autoridade de Buenos Aires a partir de então. Ainda que não tivesse concluído o processo de centralização, a Argentina saiu da guerra com uma direção mais consolidada que seis anos antes.

Um dos efeitos principais do longo conflito foi a desorganização institucional de quase todos os beligerantes. Exceção feita à Argentina, cujo processo de centralização foi acelerado, durante e após a Guerra, nenhum dos outros países se beneficiou com seu desenrolar, exceto pelas concessões territoriais, que resolveram as questões de limites em favor de brasileiros e argentinos, e pela afirmação dos objetivos do Império na região, particularmente a livre navegação dos rios, que facilitou o acesso a Mato Grosso.

Talvez devido a essa incapacidade de utilizar conflitos externos como instrumento de consolidação do Estado, a guerra tenha sido identificada por historiadores motivados pela Teoria da Dependência como "conflito imperialista, mais um episódio da longa derrota de uma razão endógena latino-americana". As evidências encontradas até aqui, contudo, não respaldam essa afirmação, constatação que não retira o mérito de muitos desses trabalhos, tanto pela tentativa de unir teoria e pesquisa quanto por vários *insights* que ainda precisam ser desenvolvidos, entre eles, a questão das finanças públicas e a incapacidade de desenvolver o Estado nacional a partir das guerras externas na região.

Ainda durante a guerra, começaram a surgir análises que discutiram o seu significado e consequências. Desde então, grande quantidade de livros foi publicada, interpretações historiográficas surgiram, novos aspectos foram discutidos, justamente porque se trata de um tema importante na

História dos países do Cone Sul das Américas, principalmente por constituir marcos cívicos nas diferentes sociedades envolvidas, fator que vinculou essas referências a vários significados. Esses marcos influenciaram as diferentes perspectivas que, por sua vez, influenciaram as narrativas sobre o conflito.

A partir de então, a memória do conflito seria manipulada de diversas formas, atendendo aos interesses imediatos de uma historiografia patriótica (que prevaleceu até o final dos anos 1950) quanto a visões alternativas, construídas por intelectuais críticos da maneira como o poder político era exercido pelas ditaduras militares que se revezaram nos países do continente.

As abordagens revisionistas, particularmente as das décadas de 1960 e 1970, fizeram uma espécie de nivelamento entre as guerras do Paraguai e do Vietnã, classificando a Tríplice Aliança no contexto do subimperialismo regional. A partir da década de 1980, o conflito seria objeto de pesquisas conduzidas por historiadores profissionais, processo que permanece em curso mediante a publicação de livros e teses e da realização de seminários. O que parece prevalecer nesses trabalhos é uma visão menos crítica e também menos apologética do conflito. A nova historiografia, desde então, preocupou-se em analisar esses acontecimentos através da pesquisa nas fontes, com rigoroso levantamento de documentos, visando ampliar o entendimento sobre as especificidades e as confluências do processo de formação dos Estados no Prata, para dali ampliar o escopo da análise.

A Guerra da Tríplice Aliança associa-se também a diversos conflitos simultâneos nos Estados Unidos e no México, configurando o que alguns historiadores consideram a "Sangrenta Década de 1860", derivando de uma crise federativa continental. A Guerra Civil Americana, a Guerra da Reforma no México e a Guerra do Paraguai permitiram aos grupos, operando a partir de regiões mais orientadas para o mercado (e mais institucionalizadas politicamente), a oportunidade de estender o controle do poder central sobre as periferias territoriais, cristalizando o Estado nacional como a principal fonte de soberania. Esse movimento expressou um novo modo de nacionalismo, emergindo das revoluções europeias de 1848, que vinculava a ideia de nação a certa uniformidade linguística e constitucional, ainda que questões relativas à participação política e à inclusão dos despossuídos ficassem em segundo plano nos países sul-americanos. É certo que, principalmente na América do Norte, os conflitos internos mexicano e norte-americano refletiram o impacto do novo nacionalismo sobre estruturas nacionais, até então, muito fragmentadas. De fato, os

Estados americanos não surgiram como verdadeiras nações, mas como imensos agregados de territórios autônomos que compartilhavam interesses comerciais e de autodefesa, bem como certos aspectos culturais.

No cenário americano, portanto, as grandes guerras da década de 1860 responderam a problemas colocados desde a independência, quando a autonomia política se mostrou em geral incapaz de constituir Estados centralizados e autônomos. As unidades políticas emergindo no período da independência funcionavam comumente como uniões frouxas de províncias e estados. Faltava-lhes densidade, no sentido da territorialidade e da centralidade, tão importantes para o funcionamento dos Estados nacionais modernos. De qualquer forma, a crise federativa da década de 1860, por seu caráter periférico, rompe com a ideia de cem anos de paz desenvolvida pelo economista austríaco Karl Polanyi, ao tratar do período compreendido entre a realização do Congresso de Viena e a eclosão da Primeira Guerra Mundial.

Voltando ao cenário sul-americano, a última guerra no Prata pode ser pensada como parte do longo processo de construção da nação na região, especialmente do extenso processo de construção da nação Argentina, cujas guerras de unificação compreendem o período entre 1810 e 1880. Nesse sentido, as elites de Buenos Aires enfrentaram vários problemas ao tentarem sobrepor a ideia de um Estado nacional à miríade de soberanias que existiam nas diversas regiões do antigo Vice-Reino, onde sobressaíam províncias e cidades cuja autonomia era apoiada pelos habitantes. No decorrer da década de 1810, essas elites assistiram à fragmentação do antigo Vice-Reino devido à incapacidade para subordinar as regiões periféricas a uma nova ordem política. A partir daquele ponto, teve início o longo processo de reestruturação, que envolveu diferentes lideranças e formas de governo. O conflito entre soberanias seguiu intenso nos anos seguintes, resultando na consolidação de um sistema de Estados mais ou menos estruturados a partir de 1870. Ainda que a ameaça de uma nova guerra entre o Brasil e a Argentina se mantivesse no horizonte por mais algum tempo, em virtude da disputa pelos espólios do Paraguai, prevaleceram as soluções diplomáticas, que a partir dali encaminharam a resolução dos contenciosos territoriais ainda pendentes.

Bibliografia

BANDEIRA, L. A. Moniz. *O expansionismo brasileiro e a formação dos Estados na bacia do Prata:* da colonização à Guerra da Tríplice Aliança. São Paulo: Ensaio; Brasília: Editora UnB, 1995.

BARATTA, María Victoria. *La Guerra del Paraguay y la construcción e la identidad nacional.* Buenos Aires: Sb, 2019.

BURTON, Richard F., Sir. *Cartas dos campos de batalha do Paraguai.* Rio de Janeiro: Biblioteca do Exército Editora, 1997[1870].

CABALLERO Campos, Herib. *La contrarrevolución de 1811.* Assunção: Atlas, 2021.

CAPDEVILA, Luc. *Una guerra total:* Paraguay, 1864-1870: ensayo de historia del tiempo presente. Buenos Aires: Sb, 2010.

CARVALHO, José Murilo de. *Jovita Alves Feitosa:* voluntária da pátria, voluntária da morte. São Paulo: Chão Editora, 2019.

CERQUEIRA, Dionísio Evangelista de Castro. *Reminiscências da Campanha do Paraguai.* Rio de Janeiro: Biblioteca do Exército Editora, 1980[1910].

COSTA, Wilma Peres. *A espada de Dâmocles:* o Exército, a Guerra do Paraguai e a crise do Império. São Paulo: Hucitec/Unicamp, 1996.

DORATIOTO, Francisco M. *Maldita guerra:* nova história da Guerra do Paraguai. São Paulo: Companhia das Letras, 2002.

_____ (org.). *Memórias de Dorothée Duprat de Lasserre:* relato de uma prisioneira na Guerra do Paraguai (1870). São Paulo: Chão Editora, 2023.

GARAVAGLIA, Juan Carlos; FRADKIN, Raúl Osvaldo (org.). *A 150 años de la Guerra de la Triple Alianza contra el Paraguay.* Buenos Aires: Prometeo Libros, 2016.

GOYENA SOARES, Rodrigo (org.). *Diário do conde d'Eu, comandante em chefe das tropas brasileiras em operação na República do Paraguai.* Rio de Janeiro: Paz e Terra, 2017.

HALPERÍN DONGHI, Tulio. *Una nación para el desierto argentino.* Buenos Aires: Prometeo Libros, 2005.

IZECKSOHN, Vitor. *Dos guerras en las Américas:* raza, ciudadanía y construcción del Estado en los Estados Unidos y en el Brasil (1861-1870). Buenos Aires: Prometeo Libros, 2024.

KRAAY, Hendrik. "Os companheiros de Dom Obá: os zuavos bahianos e outras companhias negras na Guerra do Paraguai". *Afro-Ásia*, n. 46, 2012, pp. 121-61.

MAGNOLI, Demétrio. *O corpo da pátria:* imaginação geográfica e política externa no Brasil (1808-1912). São Paulo: Fundação Editora Unesp/ Moderna, 1997.

MENEZES, Alfredo da Mota. *A guerra é nossa:* a Inglaterra não provocou a Guerra do Paraguai. São Paulo: Contexto, 2022.

PASTORE, Mario H. "State-led Industrialization: the Evidence on Paraguay, 1852-1870". *Journal of Latin American History*, v. 26, 1994, pp. 295-324.

POTTHAST, Barbara. La independencia paraguaya y la supuesta homogeneización étnica de la joven nación. *Almanack*, Guarulhos, n. 31, 2022. Disponível em: <http://doi.org/10.1590/2236-463331ef00222>. Acesso em: 21 mar. 2025.

SALLES, Ricardo M. *Guerra do Paraguai:* escravidão e cidadania na formação do exército. Rio de Janeiro: Paz e Terra, 1990.

SCHNEIDER, Louis. *A Guerra da Tríplice Aliança contra o Paraguai*. Porto Alegre: Editora Pradense, 2009[1876], v. I.

TAUNAY, Alfredo d'Escraggnolle. *A retirada da Laguna:* episódio da guerra do Paraguai. Trad. e org. Sergio Medeiros. São Paulo: Companhia das Letras, 1997.

TERNAVASIO, Marcela. *Historia de la Argentina*: 1806-1852. Buenos Aires: Siglo Veintiuno, 2013.

VÁZQUEZ, José Antonio. *El doctor Francia visto y oído por sus contemporáneos*. Buenos Aires: Editora Universitaria de Buenos Aires, 1975.

VERSEN, Max von. *História da Guerra do Paraguai*. Belo Horizonte: Itatiaia, 1976.

WESTIN, Ricardo. No Império, Senado estudou criar a CPI da Guerra do Paraguai. *Arquivo S*, edição 80, 2 jul. 2021. Disponível em: <https://www12.senado.leg.br/noticias/especiais/arquivo-s/no-imperio-senado-estudou-criar-cpi-da-guerra-do-paraguai>. Acesso em: 21 mar. 2025.

WHIGHAM, Thomas L. *La Guerra del Paraguay*. Madrid: Taurus, 2015, v. III: Danza de muerte y destrucción.

CADASTRE-SE

EM NOSSO SITE,
FIQUE POR DENTRO DAS NOVIDADES
E APROVEITE OS MELHORES DESCONTOS

LIVROS NAS ÁREAS DE:

História | Língua Portuguesa
Educação | Geografia | Comunicação
Relações Internacionais | Ciências Sociais
Formação de professor | Interesse geral

ou
editoracontexto.com.br/newscontexto

Siga a Contexto
nas Redes Sociais:
@editoracontexto

GRÁFICA PAYM
Tel. [11] 4392-3344
paym@graficapaym.com.br